高等院校学前教育
专业创新型系列教材

幼儿园管理
（第二版）

高庆春　王丹丹　主　编
李孟曦　副主编

清華大學出版社
北　京

内容简介

本书根据高等职业教育培养高素质技能型人才的目标，针对学前教育专业学生和幼师教育教学中的实际需要，突出学前教育岗位所需的知识和技能要求，对幼儿园管理进行理论阐释和实践指导。

全书共分十个单元，包括管理与幼儿园管理、幼儿园设置与环境创设、幼儿园的组织与制度、幼儿园资源管理与队伍建设、幼儿园卫生保健管理、幼儿园班级管理、幼儿园安全管理、幼儿园公共关系管理、幼儿园品牌与特色建设、幼儿园工作评价。读者可根据教学实际计划，有侧重地选择内容。

本书可作为各学历层次学前教育专业教材，也可作为幼儿园管理人员、幼师的参考用书。

图书在版编目(CIP)数据

幼儿园管理 / 高庆春，王丹丹主编. --2 版 .
北京 ：清华大学出版社，2024. 9.--(高等院校学前教育专业创新型系列教材).
ISBN 978-7-302-67247-0

Ⅰ. G617

中国国家版本馆 CIP 数据核字第 2024SF6634 号

责任编辑：张　弛
封面设计：于晓丽
责任校对：袁　芳
责任印制：曹婉颖

出版发行：清华大学出版社
网　　址：https://www.tup.com.cn，https://www.wqxuetang.com
地　　址：北京清华大学学研大厦 A 座　　**邮　　编**：100084
社 总 机：010-83470000　　**邮　　购**：010-62786544
投稿与读者服务：010-62776969，c-service@tup.tsinghua.edu.cn
质量反馈：010-62772015，zhiliang@tup.tsinghua.edu.cn
课件下载：https://www.tup.com.cn，010-83470410
印 装 者：三河市人民印务有限公司
经　　销：全国新华书店
开　　本：185mm×260mm　　**印　　张**：11　　**字　　数**：247 千字
版　　次：2016 年 5 月第 1 版　　2024 年 10 月第 2 版　　**印　　次**：2024 年 10 月第 1 次印刷
定　　价：49.00 元

产品编号：102878-01

第二版前言

本书此次再版修订正处于“十四五”建设中期，根据《“十四五”学前教育发展提升行动计划》《学前教育专业师范生教师职业能力标准（试行）》，紧密结合国家“十四五”学前教育发展任务，进一步贯彻《国家职业教育改革实施方案》精神，在保留本书第一版主体内容和特点的基础上进行修订。本次修订主要做了以下工作。

一是贯彻党的二十大报告关于教育的论述，落实立德树人根本任务，融入课程思政、优秀中华传统文化内容，传播中华优秀管理思想与管理实践。

二是以培养高素质技能型幼儿园教师为目标，使教材建设与课程建设同步，岗、课、证、赛一体化。

三是对教材章节进行了删改，增加了配套数字教学资源，提高服务教师和学生的功能。

四是吸收国内外专家、学者及同行在幼儿园管理方面最新的实践与研究成果，对教材相关内容、案例等进行了更新。

本书由齐齐哈尔高等师范专科学校高庆春、王丹丹主编并完成配套视频资源的制作。

本书的修订参考并借鉴了诸多专家、学者及同行的研究成果，在视频资源建设中得到了实践基地幼儿园的支持，在此表示感谢。由于编者的水平和能力有限，书中难免存在不妥之处，望读者批评、指正。

编　者

2024 年 3 月

教学课件

教案

目 录

第一单元 管理与幼儿园管理

学习目标

1. 掌握管理概念的内涵及管理的职能。

2. 了解中西方管理思想和管理实践。

3. 掌握幼儿园管理的概念、管理内容、管理要素和基本原则。

4. 能够运用管理理论认识管理过程，分析管理现象，培养管理思维能力。

课程导入

你所知道的管理是什么？在我们生活的地球上，有什么地方不需要管理？

我们每个人都要走向不同的社会组织，在组织中充当不同的角色，履行各自的职责，那么就有必要去了解管理的一些基础知识，知道什么是管理，为什么要进行管理和怎样有效地进行管理，这样我们才能很好地提高组织工作效率，扮演好各自的职业角色，并成为一个优秀的管理者。

第一节 管理的基本知识

一、管理的含义

(一) 管理的产生

管理是人类共同劳动的产物。人类自古以来就是共同劳动、共同生活的,每一个人都处于一定的人群之中,在群体中得以生存和发展。例如,原始社会人类获取食物过程中的围猎行为,就是在头领的带领下有目的、有计划地组织活动过程。由于共同劳动,人们需要沟通意愿、统一目标;由于共同劳动,人们需要分工协作;由于共同劳动,人们需要统一指挥、规范行为。为此,管理人员及其管理活动就成为必要的事。

社会化的劳动生活,客观上要求对劳动过程进行有效的计划、组织、指挥和协调,以实现合理的分工协作,合理地利用资源,以较小的代价创造理想的价值,达到人们预期的目标。这种计划、组织和协调活动就是管理活动。

管理是伴随着人类解决自身需求矛盾的过程产生的。从人的本质来说都存在着对物质和精神上的追求,但是客观世界并不能完全满足人的欲望,人的欲望的无限与人的资源的有限之间存在着矛盾,这种矛盾的解决办法从时间轴上看是通过生产、组织、战争、贸易、道德、宗教等进行协调解决。但是当人们无法通过战争或贸易等手段来满足需求时,那么人们就会通过科学的方法来提高资源的利用率,从而达到以有限的资源满足无限的欲望的目的。

随着人类共同劳动的发展,尤其是第二次世界大战后工业革命的迅猛发展,人们对管理的认识与管理理论的研究也在不断发展和深入。

当今社会人们越来越重视社会各个领域和各种活动中存在的管理问题,形成了各种管理活动,如教育管理、人力资源管理、信息管理、企业管理、幼儿园管理等。人类社会存在着各种各样的管理活动,因而也就有着职责不同的管理者,如总统管理国家、市长管理城市、校长管理学校、园长管理幼儿园、经理管理企业等。

(二) 管理的概念

从中文字义来理解,古代把中空贯通的长条物叫作"管",之后把它引申为规范、准则、法规;"管"字动词化的含义还有主宰、主管、包揽等。"理"古代有整治土地、雕琢玉器、治疗疾病等含义,之后引申为处理事务。由于"管"与"理"二字意思相近,又从不同侧面反映人类的一种社会活动,于是人们把二字合起来使用,其原始义为管辖和疏导,即约束与引导。《现代汉语词典》的解释,管理是指负责某项工作使之顺利进行。英语中管理(manage)的语义是驾驭马匹,有控制和制约的含义。

管理一词从字面上理解,管即管辖,理即处理、调理、理顺。将这两个字连起来,就是在一定的权限范围内管人理事。

管理的内涵非常丰富，涉及广泛，在管理理论与实践发展过程中，研究者们基于自己对管理的认识和研究角度不同，对管理的定义做出了各种不同的描述。泰勒认为管理就是确切地知道你要别人去干什么，并使他用最好的方法去干；法约尔认为管理就是实行计划、组织、指挥、协调和控制；西蒙认为决策贯穿管理的全过程，管理就是决策；巴纳德认为管理者的作用是协调人的活动，管理就是协调；周三多认为管理是社会组织中，为了实现预期的目标，以人为中心进行的协调活动；也有学者认为管理是为了实现预定目标而合理组织和充分运用各种物质资源（包括人力资源）的过程，等等。

综合而言，管理既强调了过程及过程中的职能，又强调了效率。所以，我们将管理的概念概括为：管理是指一定组织中的管理者，通过实施计划、组织、领导、控制等职能来优化配置，协调人、财、物、信息等资源，以有效实现既定目标的活动过程。

二、管理的特性

管理产生于人们有组织的共同劳动，是组织目标下的集体活动，其管理活动具有以下基本特性。

（一）管理的目的性

组织活动具有明确的目标，没有共同的目标，就没有共同劳动，管理是人类一种有意识、有目的的活动，具有明显的目的性。管理职责就是不断通过管理引导和激励组织成员为目标的实现而努力。

（二）管理的人本性

人本性即以人为本。管理过程主要包括管理者、被管理者和环境三大要素，其中人是主体，离开了人就谈不上管理，一切管理都应以做好人的工作，调动人的积极性、主动性为根本。因此，在管理工作中要以人为中心，把尊重人、理解人、发挥人的主观能动性放在首位，把人视为管理的重要对象和重要资源。

（三）管理的综合性

任何管理活动都要受到组织内外多种因素的综合影响。在组织内部管理过程中出现的各种差异和矛盾是可以控制的，而组织外部的要素是部分可以控制的。因此，管理者要及时、准确把握内外环境中的不确定因素，妥善处理好各方面的关系，创造内部融洽的同事关系和上下级关系，协调与政府机关、新闻媒介、社会团体等之间的关系，树立良好的公众形象。

（四）管理的科学性

管理的科学性表现在经过长期的管理探索和实践，寻找和证实了大量的管理客观规律，并将经验上升为理论，形成一套比较完整的知识体系；管理不仅积累了自身的经验和规律，而且将众多的科学逐步融入管理实践和管理理论中，使其更加严谨和科学。因此，在管理过程中要重视管理思想与理论的创新、管理手段与方法的创新、管理技术的创新等，以提升管理效率。

（五）管理的艺术性

管理的艺术性是指在掌握一定理论和方法的基础上，因地制宜地将管理知识与管理实践相结合，并灵活运用这些知识、技能与技巧。管理过程是科学性与艺术性的统一，每一项具体的管理活动都是在特定条件下展开的，要结合实际进行创造性的管理。

1.1 管理的艺术性

（六）管理的经济性

人力资源、物质技术资源和信息资源是构成组织的关键要素，管理以这些组织要素为对象，保证其充分的供应和合理的配置，并协调好它们的相互关系，组织的配制资源需要成本，因此管理要注重经济性，以减少成本，提高效率。

三、管理的职能

管理的职能是帮助组织充分利用其资源以实现组织的目标。在管理组织中，管理者所处的地位不同，管理的具体对象、具体内容和具体方式不同。但是，管理的实质性内容是一致的，都可以归纳到四种职能工作中，即计划职能、组织职能、领导职能、控制职能。

（一）计划职能

计划职能就是组织对未来的活动及为了资源供给与使用进行的一种预先的筹划，是对未来行为的事先安排。计划是管理的首要职能，是管理的第一步。计划通过制定目标使管理行为具有明确的目的性，通过有限资源的合理配置，通过政策、程序的制定保证组织目标的实现。

（二）组织职能

组织职能是管理者创建一个工作关系结构，以使组织成员能够共同工作实现组织目标。组织是管理工作的基础，着重于合理的分工与明确的协作关系的建立。组织内部必须有分工，同时组织内部各部门之间又要相互配合，只有把分工与合作结合起来，才能提高效率。

（三）领导职能

领导职能是管理者利用所赋予的职权和自身拥有的权力去指挥、影响、激励组织成员，为实现组织目标而努力工作的一种艺术性很强的管理活动。领导工作重要的是调动下属的积极性、指导和指挥下属的活动、把握目标方向、选择最有效的沟通渠道、营造良好的组织气氛等。

（四）控制职能

控制职能是指管理者为保证实际工作与目标一致而进行的活动。在执行管理工作计划的过程中，由于受到各种因素的干扰或影响，可能会使实践活动偏离原来的计划。为了保证目标的实现，就要运用控制职能，检验每一件事情是否同所拟订的计划、发出的指示和确定的原则相符合，其目的是检查、监督和纠偏。例如，对幼儿园保教工作定期检查、督导等。

四、管理过程

管理过程是指为实现预定的管理目标，管理者组织全体员工按照计划有步骤地进行共同活动的程序。

（一）"戴明环"管理过程理论

关于管理过程，管理学界不同的管理者从不同的角度提出了自己的观点，其中，最有影响的是由美国质量管理专家休哈特博士首先提出，并由戴明采纳、宣传，获得普及的"戴明环"理论，又称 PDCA 循环。PDCA 循环是全面质量管理所应遵循的科学程序。PDCA 循环是按照计划、执行、检查和处理的顺序进行质量管理，并且持续改进的科学程序。

(1) P(plan)计划，包括方针和目标的确定，以及活动规划的制订。

(2) D(do)执行，根据已知的信息，设计具体的方法、方案和计划布局；再根据计划布局进行具体运作，实现计划的内容。

(3) C(check)检查，总结执行计划的结果，分清哪些对了，哪些错了，明确效果，提出问题。

(4) A(action)处理，对检查的结果进行处理。对成功的经验加以肯定，并予以标准化；对失败的教训也要总结，引起重视；对没有解决的问题，应提交到下一个 PDCA 循环中去解决。

"戴明环"管理过程理论，在工业管理中得到普遍采用，特别是对于提高产品质量、改善企业经营管理起到了积极的作用。当今"戴明环"理论也被引入科研工作管理和学校教育管理。

（二）管理过程各环节之间的关系

管理是一个连续的过程，是运动的、阶段性的、不断发展变化的，有一定的步骤环节，每个环节之间有其关系和特点。

1. 目的性和整体性

管理是有目的的，是为实现一定目标而进行的，并遵守一定的程序。例如，幼儿园的管理目的是完成保教好幼儿、服务好家长两大任务。幼儿园全体教职工为了这一目标而相互联系，开展工作，管理过程是按照先做计划、依据计划执行、对计划执行情况进行检查、对前三个过程进行处理的顺序进行。这四个环节严格的顺序性运行体现出管理过程的整体性。

2. 渗透性和导向性

管理过程的四环节是相互渗透、相互制约、有一定导向性的。管理过程的任何一个环节都必须围绕目标来进行，计划是根据目标来制订的，执行是围绕目标来进行的，当情况有了变化,就要根据目标改变计划,检查时也要根据目标处理可能遇到的问题,目标是管理过程的航标,对管理过程起着导向作用。

3. 相关性和控制性

管理过程的四环节是相互联系、相互制约的,为保证整个管理过程的各个环节都在目标指引下进行,管理者必须对整个管理过程进行监督和检查,否则,一个环节偏离目标,就会前功尽弃。为确保实际工作不偏离目标,保证目标的顺利实现,必须在每个环节进行控制。

4. 递进性和周期性

递进性是指管理过程的不断发展,螺旋上升。管理活动总是按照计划—执行—检查—处理这样的顺序推进,完成一个周期,而后又继续开始下一个周期的活动,如此不断地实现这四个基本环节的运转。但这种运转不是机械重复,而是沿着一条阶梯螺旋循环运转的,每循环一个周期,管理活动就提高一个层次。

第二节 中西方主要管理思想与实践

管理思想是人们对管理过程中发生的各种关系认识的总和,是由一系列观念或观点构成的知识体系。管理思想是指导管理人员从事管理活动的路标和蓝图,关系到管理活动的效益与效率。我们要理解现代管理理论的形成,掌握管理的基础知识,借鉴有效管理的成果,指导当今实践。

一、西方主要管理思想与实践

(一) 古代西方主要管理思想与实践

古代西方有代表性的管理思想与管理实践活动。

1. 古埃及金字塔

埃及在公元前2600年以前建造了大批金字塔,巨大的方石如何采集、搬运、堆砌,众多人员如何安排吃、住、行等,都对计划和管理能力提出了很高的要求。

2.《汉谟拉比法典》

古巴比伦王国于约公元前1792—前1750年发布了一部法典——《汉谟拉比法典》,法典全文共282条,对个人财产、不动产、商业活动、个人行为、人与人的关系、工资报酬、职责和其他民事与刑事等,都做了具体规定。

3.《圣经》中有关管理思想的记载

希伯来(今以色列)人的领袖摩西在率领希伯来人摆脱埃及人的奴役而出走的过程中,他的岳父叶忒罗对他处理政务事必躬亲,东奔西忙的做法提出了批评,并向他建议,一要制定法令,昭告民众;二要建立等级、授权委任管理;三要责成专人专责管理,问题尽量在下面处理，只有最重要的政务才提交摩西处理。

（二）西方主要管理理论与思想

管理实践和人类社会发展同步，从人类的产生到有意识的管理行为出现，管理理论与思想也在不断地丰富和发展。

1. 经验管理思想

经验管理思想认为管理是对人进行管治的一种技巧，管理的有效性取决于管理者个人素质，要学会管理必须基于管理实践，在实践中才能培养出管理者。经验管理思想的基本观点是管理这一实践活动，其本质不在于“知”而在于“行”，其验证不在于逻辑，而在于成果，要通过分析经验（案例）来研究管理问题。

2. 科学管理理论

科学管理理论以市场经济中组织协调发展为主要研究对象，以企业的利润最大化作为管理的最基本的指导思想。科学管理理论的基本观点是管理的有效性不仅仅取决于管理者个人经验，更重要的是要依据科学的方法来组织和管理活动。科学管理的根本目的是谋求最高效率，用科学化的、标准化的管理方法代替经验管理。

科学管理理论奠定了现代管理理论的基础，科学管理理论提出的一些管理原则和管理职能，如在操作层面、生产过程层面、组织层面的理论与思想，对当代管理技术与管理方法有指导和借鉴作用。

代表人物有美国的弗雷德里克·温斯洛·泰勒，法国的亨利·法约尔，德国的马克斯·韦伯。

1.2 科学管理理论的代表人物

3. 行为科学理论

行为科学理论重视研究人的心理、行为等对高效地实现组织目标的作用。行为科学理论思想的基本观点是人不仅是经济人，更是社会人，其劳动生产率受到社会的、心理的和群体的因素的影响。行为科学理论思想把人看作宝贵的资源，强调从人的作用、需求、动机、相互关系和社会环境等方面研究其对管理活动及其结果的影响。

行为科学理论奠定了现代管理理论的基础，对管理理论的研究有很强的指导和借鉴作用，研究成果对心理学、社会学等研究领域也有突出的贡献，对企业中涉及人的因素的管理活动有很强的指导作用。

代表人物有人际关系理论创始人乔治·埃尔顿·梅奥，人的需求理论创始人亚伯拉罕·马斯洛。

1.3 行为科学理论的代表人物

4. 现代管理理论

现代管理理论建立在现代基础理论之上，由于研究条件、掌握材料、观察角度以及研究方法等方面的不同，必然产生不同的看法和形成不同的思路，表现出管理理论的复杂性、渗透性、交互性和灵活性，多种理论同生共存，形成了多种管理学派。哈罗德·孔茨把这种现象形象地描述为管理理论的“丛林”。

现代管理理论也有其共性特点，可概括为重视人的因素、重视“非正式组织”的作用、广泛运用先进的管理理论和方法、重视理论联系实际、强调“预见”能力、强调不断创新、强调权力集中。

代表人物有哈罗德·孔茨（管理过程学派），加斯特·巴纳德（社会系统学派），赫伯特·西蒙（决策理论学派），彼得·德鲁克（经验主义学派），亨利·明茨伯格（计算机管理学派）。

二、中国主要管理思想与实践

中国传统文化是中国管理思想的主要来源。中国是一个有几千年文化历史的文明古国，有着光辉灿烂的民族文化，有极其优秀的管理实践活动。例如，万里长城的修建，充分展示了中国古代劳动人民的才能和智慧。在长期的生产实践中，形成了丰富的文化典籍和管理思想，如《论语》《道德经》《孙子兵法》等。

（一）中国古代主要管理思想

中国古代管理思想的内容是极其广泛的，涵盖政治、军事、经济、工程等各个领域，但在漫长的历史过程中，并没有形成一个独立存在的体系，而是零散地存在于浩若烟海的古代政治、军事、历史等著作中，需要我们去发掘和研究。

1. 儒家的管理思想

孔子是儒家学派创始人。“为政以德”是儒家重要的管理思想，在儒家看来，要治理一个国家，主要应集中精力制定并带头实行好的道德规范，通过德治的力量使人心悦诚服，使天下人无不心服地归顺于王者。

1.4 儒家的管理思想

儒家管理思想以治国平天下为其管理的终极目标，以管理者的自我修养为管理的前提条件，以强化对人的内外控制、教之以德为主要管理手段，揭示了如何成为管理者（统治者）、如何当管理者、管理者又应如何管理，这样一系列管理理论所面对的问题，是较充分的为官从政的理论体系，它为封建统治者的统治提供了有利的管理思想武器。但是，儒家学说很少提到效率、发展生产和提高生产力，却以“官本位”思想评判人生的成败。

2. 道家的管理思想

老子是道家的创始人，《道德经》（又称《老子》）是其春秋时期的哲学作品，是中国古代先秦诸子分家前的一部著作，是道家哲学思想的重要来源。《道德经》文体以哲学意义之“道德”为纲宗，论述修身、治国、用兵、养生之道，对传统哲学、科学、政治、宗教等产生了深刻影响。

道家的无为而治是管理上的一个至高境界，老子提出的不自见、不自是、不自伐和不自矜，是保证管理者、领导者获得管理成功的素质要求，对我们现代的管理者和领导者具有重要的指导和借鉴作用。不自见，就是不自己去显明自己；不自是，就是不自己去肯定自己；不自伐，就是不自己夸奖自己；不自矜，就是不自以为了不起。

3. 用人思想

唐朝魏征提出了“六观法”：“贵则观其所举，富则观其所养，居则观其所好，习则观其所言,穷则观其所不受,贱则观其所不为。”乃是在人们地位、处境变化中,观察人的举止、言谈、兴趣、修养和追求,来识别人的本质。用人之所长,容人之所短,宋代政治家欧阳修提出:“任人之道,要在不疑。宁可艰于择人,不可轻任而不信。”《管子》中有一句名言:“成器不课不用,不试不藏”,即对于人才,不经过考核不加任用,不经过试用,不作为人才储备。考核的办法是“听其言而观其行”“循名实而定是非,因参验而审言辞”。

4. 军事管理思想

古代军事管理思想中最有代表性的,首推我国战国时期的军事著作《孙子兵法》。《孙子兵法》中“知彼知己,百战不殆。”《孟子》中有“得道多助,失道寡助。”的战略思想,“避实而击虚”“因敌变化而取胜”的应变策略,“令之以文,齐之以武”“千军易得,一将难求”“将者,智、信、仁、勇、严也”,在现代管理中,仍被很多人奉为经典。

5. 工程管理思想

我国古代工程建设和管理的实践很多,其中最具代表性的,莫过于万里长城和都江堰水利工程,两者集中体现了我国古代人民在工程组织中的系统管理思想。万里长城是世界奇迹之一,其历史可以追溯到公元前五世纪的战国时期,动用人力几十万,于秦始皇时完成,全长约六千七百公里,蜿蜒于崇山峻岭之中,气势雄伟。据《春秋》记载,当时的计划十分周到细致,不仅计算了城墙的土石方量,连所需的人力、材料,以及从何处征集劳力,他们往返的路程、所需口粮,各地应担负的任务也都一一明确分配。

都江堰工程是系统工程的又一杰作。在工程修建之前,岷江洪水无法控制,人民深受其害。修建后,使成都平原“沃野千里,号为陆海”,灌溉面积历史上曾达 300 万亩。都江堰的指导思想是“乘势利导,因时制宜”。乘势利导,就是充分利用自然规律和地理环境,对洪水进行疏导,既起到排洪作用,又有利于灌溉,这是强调空间结构的协调。因时制宜,就是合理规定不同时间进行截流或放水,并制定一系列的协调措施来管理都江堰,这是突出过程结构的协调。

(二) 中国管理思想的发展

(1) 我国古代优秀的管理思想,光彩夺目,遗憾的是缺少系统的整理和提高,没有形成系统的管理理论。

(2) 近代的中国社会是一个半殖民地半封建的社会,处于外国列强入侵、封建制度没落的内外交困之中。我国近代企业是在这种独特的环境下产生的,其生存和发展的过程是不断与帝国主义、封建主义以及后来形成的官僚垄断资本作斗争的过程。

(3) 我国现代管理思想是在继承战争年代的优良传统、接收旧的大机器工业和学习苏联经济管理理论的基础上发展起来的,是在成功与失败之间、正确与错误之间寻求着自己的发展道路。

(4) 21 世纪是知识经济时代,创新是当前和今后管理的主旋律,任何已有的和常规的管理模式最后都将被创新的管理模式所取代,都将在战略、制度、组织、观念等方面进行创新。组织要为此创造一个适合于每个人都可以创新的环境和机制,同时要求有个性化管理方式。

东方管理思想与西方管理思想相互影响,各有千秋,它们都是人类文明的结晶,都曾经对人类社会的发展起到积极的作用。它们从不同的角度揭示了人类社会发展过程中的管理规律。它们是互补的、兼容的，只有将它们相互结合起来，才能更好地从事管理活动。要搞好管理，就要深刻领会各种管理思想的精华，借鉴他人的思想，结合自身的实际情况，创造出独特的管理思想与方法。

第三节　幼儿园管理概述

幼儿园管理是学校管理的一个分支，是研究和探讨现代幼儿园管理活动现象，并揭示其规律的一门学科。随着我国学前教育事业的快速发展，幼儿园管理者们越加意识到，要办好幼儿园仅凭资金和经验是不够的，要从管理的实际情况出发，创造性地运用幼儿园管理的一般规律，协调幼儿园的各种资源和关系，围绕促进幼儿身心健康发展和服务家长的工作目标进行科学管理，才能提升办园质量，促进幼儿园的科学发展。

一、幼儿园管理的概念

幼儿园作为教育系统中的一个组织，处于整个社会系统和环境中，受社会各方面因素的影响，如国家教育方针政策、教育行政体制、制度法规，社会需要与家长需求，幼儿园所处的自然环境和人文环境等。要搞好幼儿园管理就要重视考察各方面外部条件与影响因素对组织机构的影响，主动与外部环境协调适应，发挥最大管理效益，促进幼儿园发展。同时，幼儿园还要加强组织机构内部管理，运用科学的管理方法和手段，将师资、设备、资金等合理组织利用，提升服务质量，实现办园目标。

幼儿园管理是指幼儿园管理人员遵循国家的教育方针和保教工作的客观规律，采用科学的工作方式和管理手段，将人、财、物等各要素合理组织起来，调动各方面的积极性，优质高效地实现国家所规定的培养目标和幼儿园工作任务所进行的各种职能活动。

二、幼儿园管理的内容与要素

（一）幼儿园管理的内容

按照幼儿教育的任务、内容、工作范围和工作规律，可以将幼儿园管理的基本内容概括为：目标管理、计划管理、保教业务管理、教学科研管理、行政事务管理、后勤事务管理、安全管理、制度管理、人事管理、档案管理、保教质量管理，以及幼儿园工作评价等。幼儿园管理中的各部分内容既相互独立，又相互联系和相互融合，共同构成一个完整的幼儿园管理系统。

（二）幼儿园管理的要素

幼儿园管理内容由不同要素组成，这些要素主要包括人、财、物、事、时空、信息、手段等。幼儿园管理的效率和质量主要取决于对这些要素的处理。

1. 人

人包括幼儿园的管理者和被管理者。通过人力资源管理来调动所有教职员工的积极性，发挥其最大潜能，做到人尽其才。

2. 财

财是指办园资金。幼儿园要通过财务管理合理使用有限的资金，保证幼儿园的正常运转和发展，最大限度地提高办园效益，做到财尽其力。

3. 物

物是指教学设施、仪器、教玩具、材料、能源等物质条件。通过对物的选择购置、科学保管、恰当运用、节约维护等，做到物尽其用。

4. 事

事是指教养活动和服务工作。通过对保教工作中的各项具体事务管理，提高保教工作质量和服务家长及服务社会的质量。

5. 时空

时空是指时间和空间。管理活动总是在一定的时间、空间进程中进行的，时间、空间表明管理活动的持续性和广延性。管理者应抓住时机、珍惜时间，充分利用空间的多维特点，创造最好的教育氛围和环境。

6. 信息

信息是指幼儿园内部管理信息和外部环境信息。管理者通过对信息的收集、分析、运用和储存，能够及时、准确，有针对性地为决策、计划和调控服务。

7. 手段

手段主要是指工具、方法。管理者利用互联网、大数据、多媒体技术，工作责任制、结构工资制等进行教育活动、管理活动，了解管理目标的达成情况，提高管理效率。

上述要素在管理过程中都不能孤立存在，必须在特定的管理活动内相互结合、综合运用。必须以人为中心、以育人为中心、以幼儿的发展为中心，科学、合理、高效地组织、控制和利用各要素，实施灵活、动态的管理，才能产生良好的管理效能。

三、幼儿园管理的基本原则

原则是指基本的行动准则、指导思想和基本要求等。管理原则是指导管理工作的行为准则。

幼儿园管理原则是指为实现幼儿园工作目标，正确处理管理过程中一系列矛盾、关系或问题的指导原则，是对幼儿园管理系统提出的基本要求。幼儿园管理原则是对幼儿园管理实践的总结和概括，它全面指导幼儿园管理过程的各个环节、各种管理方式的运用、各项组织制度的建立及各项具体工作的管理活动，保障幼儿园各项工作的顺利进行。

确定幼儿园管理原则要以正确的管理价值观为指导，以教育与管理的基本规律为依据；要真实地反映幼儿园管理工作的实际，总结管理实践经验并不断完善；要遵循幼儿园管理的客观规律,以基本矛盾、关系的分析与调整为前提,处理好各种矛盾关系。

1. 方向性原则

方向性原则是幼儿园管理的首要原则。管理活动总是指向一定的目的和目标。《幼儿园工作规程》明确指出,幼儿园是对学龄前幼儿实施保育和教育的机构,是基础教育的有机组成部分,是学校教育制度的基础阶段。幼儿园的任务是实行保育与教育相结合的原则,对幼儿实施体、智、德、美诸方面全面发展的教育,促进其身心和谐发展。幼儿园同时为家长参加工作、学习提供便利条件。因此,幼儿园管理工作必须明确培养目标,坚持正确的办园方向,坚持党的领导,要与社会主义政治、经济以及生产力发展水平要求相适应,要在目的指向上保持一致,加强正确思想引导和优良园风建设。

2. 幼儿中心原则

幼儿中心原则是指幼儿园管理以幼儿的健康、全面发展为中心。“一切为了孩子的和谐发展”是幼儿园管理的中心思想和基本准则。因此,幼儿园管理要树立正确的儿童观、教育观、教师观,遵循幼儿身心发展规律,将幼儿权益放在首位,保护幼儿、尊重幼儿,促进幼儿身心健康和谐发展。

3. 保教结合原则

《幼儿园管理条例》中明确规定:“幼儿园应当贯彻保育与教育相结合的原则,创设与幼儿的教育和发展相适应的和谐环境,引导幼儿个性的健康发展。”“保”和“教”是幼儿教育的两个方面。“保”是保护幼儿的身心健康。“教”是幼儿园的教育教学,是指按照体、智、德、美的要求,有目的、有计划、有系统地影响幼儿身心发展的活动。因此,幼儿园管理要将保育工作和教育工作结合起来,做到保中有教,教中有保。不要偏重保育工作,过度呵护幼儿的生活,包办代替;也不要偏重教育工作,将幼儿教育小学化。要科学保教、科学实施幼小衔接。

4. 民主管理原则

民主管理原则是指在幼儿园管理中,要处理好完成工作任务与以人为本的关系,处理好领导者与管理对象的关系,调动全园教职员工的积极性,发挥管理的激励机制,以较好地实现幼儿园的任务目标。因此,幼儿园管理要树立群众观点,坚持群众路线,在组织上为群众参与管理创造条件,实行民主管理,集中正确意见,实现科学决策。幼儿园领导者应实行园务公开制度,使广大教职工对幼儿园的工作有知情权,要重视工会组织在幼儿园民主管理中的作用,要从本园的实际情况出发,不断探索、积累管理经验。

5. 家园共育原则

相对于各级学校教育,幼儿园教育更加需要和依赖家庭教育的参与和合作。在幼儿园的各项管理工作中,家庭的参与和配合是极为关键的,《幼儿园教育指导纲要(试行)》中指出:“家庭是幼儿园重要的合作伙伴。应本着尊重、平等、合作的原则,争取家长的理解、支持和主动参与,并积极支持、帮助家长提高教育能力。”因此,幼儿园管理应树立家园教育一致性的观点,通过建立家园组织为家长参与管理创造机会,通过开展各种活动指导家长科学教养,让幼儿家庭参与到幼儿园的教学和管理工作中,承担起共同教育和管理的责任。

6. 有效性原则

管理的根本目的在于以最小的投入创造出更多、更好的经济效益和社会效益。幼儿园管理的有效性原则是指幼儿园管理要在正确的目标指导下，通过科学管理，合理组织园所人力、物力、财力等资源，高质量、高效益地实现培养目标，完成幼儿园双重任务。因此，幼儿园管理要遵循教育和管理规律，树立正确的教育质量观、效益观；建立较完善的岗位责任制和规章制度，使幼儿园工作规范化；有效利用各种管理资源，以科学的态度和方法来研究和处理幼儿园管理中的问题，最终实现管理目标。

幼儿园管理的基本原则是相互联系、不可分割的整体，共同作用于幼儿园管理过程，在管理实践中要根据具体问题灵活运用。

讨论与交流

1. 管理学对我们个人的意义是什么？
2. 为什么目标明确，却常常实现不了？

案例分析

13 级职级是什么概念？在华为，一名通过校园招聘进入华为集团的研究生，工作满一年，没有犯错误，他的职级就可以默认定为 13 级(12 级及以下称为操作岗)，这是华为知识型员工的起点职级。

21 级职级是什么概念？这在华为算是一个较高的职级，没为华为持续做出卓越贡献，没经历 16 ～ 18 年的历练，很难达到这个级别。但是，一个 13 级的一线“小毛孩”，因为需要项目资源，可以在三更半夜拨打机关里一个他不认识的 21 级干部的电话，而且对方还得接这个电话。

问题：是谁赋予一个 13 级的年轻员工这样的指挥权？简要说明你的理由。

案例讨论 1

A 是某幼儿园后勤管理主任，B 是负责幼儿园水电工作的组长。上个月，A 吩咐 B 找几个人为幼儿园安装一套新的供水管道系统。在安装完成后进行检查时，发现这套供水管道存在着严重的渗漏现象。幼儿园园长认为 A 应该对此负责，虽然管道安装时 A 正出差在外。同样，A 认为 B 必须对此负责。

问题：这一失误应由谁负责？究竟该负什么责任？

案例讨论 2

在一个管理经验交流会上，有两位幼儿园的园长分别讲述了他们各自对如何进行有效管理的看法。A园长认为，幼儿园首要的资产是教职工，只有教职工把幼儿园当成自己的家，把个人的命运与幼儿园的命运紧密联系在一起，才能充分发挥他们的智慧和力量为幼儿园服务。因此，管理者有什么问题，都应该与教职工商量解决；平时要十分注重对教职工需求的分析，有针对性地给教职工提供学习、娱乐的机会和条件；每月的黑板报上应公布出当月过生日的教职工的姓名，并祝他们生日快乐；如果哪位教职工生儿育女了，园里应派车接送，园长应亲自送上贺礼。在A园长园里，教职工都普遍地把幼儿园当作自己的家，全心全意地为幼儿园的发展贡献力量，幼儿园得到快速发展。

B园长则认为，只有实行严格的管理，才能保证幼儿园各项活动的顺利进行。因此，幼儿园要制定严格的规章制度和岗位责任制，建立严密的控制体系；注重岗位培训；实行绩效工资制等。在B园长园里，教职工都非常注意遵守规章制度，努力工作以完成任务，幼儿园发展迅速。

问题：

1. 你怎样理解这两位园长的观点和做法？
2. 如果你是园长会如何做？

思考与练习

1. 什么是管理？管理的基本职能有哪些？
2. 如何理解我国古代军事管理思想中的“将者，智、信、仁、勇、严也”？
3. 举例说明中西方管理理论和管理实践对当代幼儿园管理的价值。
4. 什么是幼儿园管理？幼儿园管理的要素有哪些？
5. 幼儿园管理有哪些基本原则？如何理解并贯彻执行？

实践与训练

1. 以寝室为学习小组，结合幼儿园的见习、实习经历，总结幼儿园管理中的常见问题，通过实际的案例，运用所学的管理理论进行分析，提出解决问题的主要措施。

2. 问题与探讨：如何提高做一件事的效率？

第二单元
幼儿园设置与环境创设

学习目标

1. 掌握幼儿园的基本权利与义务。

2. 了解举办幼儿园所需的条件、幼儿园的审批程序。

3. 理解幼儿园环境创设的价值，掌握室内外环境创设的基本要求。

4. 能够运用所学知识判断举办幼儿园的合法性。

5. 能够运用所学知识分析幼儿园环境创设的合理性和科学性。

课程导入

2001 年夏天，李某用其亲戚家的房子在未办理任何手续的情况下私自开办了“蒲公英幼儿园”。该幼儿园没有办园资质，幼儿园的老师没有幼儿园教师资格证，园内没有正规课程，也没有床，儿童午睡时只能趴在桌子上。院子里没有游戏设施，也没有安全防范设施。当地教育部门曾责令其停办，李某置之不理。在明知幼儿园周围建筑设施陈旧，长期无人管理、居住的情况下，李某也没有采取必要的安全防护措施。2003 年 8 月 27 日 9 时许，幼儿园南墙突然倒塌，将在幼儿园内玩耍的儿童及上前救护的李某等 11 人砸倒，致 7 人死亡，4 人受伤。

幼儿园作为学前教育机构，在设立的过程中需要按照一定法律程序,符合法定的办园资格和条件,经有关部门审理并注册登记后方可进行经营,否则就会受到法律的制裁。

第一节　幼儿园的设置

一、幼儿园的含义

人们对幼儿园的定义是从两个角度考虑的:一是从幼儿园的社会功能角度;二是从幼儿发展的角度。

从社会功能的角度讲,幼儿园是对幼儿实施教育的专门机构。目前我国采用的概念属于这一种。1951 年《政务院关于改革学制的决定》中规定"实施幼儿教育的组织是幼儿园",2016 年教育部发布的《幼儿园工作规程》规定"幼儿园是对 3 周岁以上学龄前幼儿实施保育和教育的机构"。据此定义,幼儿园具有三个特征:一是以幼儿为对象,二是实施针对幼儿的教育,三是幼儿教育的专门机构。

从幼儿发展的角度讲,幼儿园是通过幼儿与其他幼儿和教师的共同生活,以获得有益的学习经验,奠定一生社会生活所必需的态度和能力的地方。这一定义侧重幼儿园教育对个体发展的功能,突出了幼儿园教育目标和教育方式的特殊性。

对于幼儿实施教育的专门机构的名称尚不统一,除"幼儿园"之外,在日本、中国台湾、中国香港等地多称之为"幼稚园"。实际上,英国的"保育学校"、法国的"幼儿成长学园"、意大利的"儿童之家"等都相当于幼儿园。我国幼儿园在其近百年的发展历程中曾几度易名,最初叫蒙养园,后来更名为幼稚园、幼儿园。

二、幼儿园的法律地位

幼儿园是具有法人资格的从事学制系统内保育、教育活动的社会组织。幼儿园的法律地位主要是指其作为实施保育教育活动的社会组织和机构,在法律上享有的权利能力、行为能力及责任能力。

明确幼儿园的法律地位,有利于保障其享有的民事权利,如法人财产权、债权、知识产权以及名称权、名誉权、荣誉权等。同时,也有助于幼儿园以独立法人身份广泛参与与其宗旨相关的民事活动。当然,幼儿园相应的也要以独立法人的身份依法承担民事责任,包括违反合同的民事责任、侵犯其他社会组织和公民个人合法权益的民事责任。

(一) 幼儿园的合法权利

幼儿园的权利是指其在教育活动中依法享有的权利。

1. 按照章程自主管理权

这项权利的主要内容是幼儿园根据章程确立的办园宗旨、管理体制及各项重大原则,有权制定具体的管理规章制度和发展规划，自主做出管理决策，并建立、完善自己的管理系统，组织实施管理活动，不必事无巨细地向主管部门或举办者请示。主管部门或举办者无权干涉幼儿园的符合其章程规定的管理行为。

2. 组织实施保育教育活动权

这项权利的主要内容是幼儿园根据自己办园宗旨和任务，依据国家教育主管部门有关规定，自行决定和实施自己的保育教育计划，决定具体课程模式和教学方法，决定选用何种教材，决定一日活动的安排，组织保教活动评比、检查评议等。

3. 招生权

这项权利的主要内容是幼儿园根据自己办园宗旨、培养目标、任务以及办学条件和能力，根据国家有关"幼儿园每年秋季招生。平时如有缺额，可随时补招"等有关招生编班的规定，有权制定本机构具体的招生办法，发布招生广告，决定招生的具体数量和人员，确定招生范围和来源。

4. 学籍管理权

这项权利的主要内容是幼儿园根据有关规定，有权确定有关幼儿报名注册的管理办法，并建立幼儿名册。幼儿学籍管理档案包括幼儿花名册、幼儿登记表、幼儿身心发展状况记录等。

5. 聘任管理教职工权

这项权利的主要内容是幼儿园根据国家有关教师和其他教职工管理的法规、规章和主管部门的规定，从本园的办学条件、办学能力和实际编制情况出发，有权自主决定聘任、解聘有关教师和其他职工，制定本园的教师及其他员工聘任办法，签订和解除聘任合同，并可以对教师及其他员工实施包括奖励、处分在内的具体管理活动。

6. 设施和经费的管理使用权

这项权利的主要内容是幼儿园对其占有的场地、教室、园舍、保教设施设备、办园经费以及其他有关财产，享有财产管理权和使用权。

7. 拒绝对保教活动的非法干涉权

依据《中华人民共和国教育法》(以下简称《教育法》)规定，幼儿园有权"拒绝任何组织和个人对教育教学活动的非法干涉"。这项权利的主要内容是指幼儿园有权拒绝和抵制来自行政机关(包括教育行政机关)、企业、事业组织、社会团体、个人等任何方面的非法干涉保教活动的行为。

8. 法律法规规定的其他合法权益

这项权利是指除前七项权利外，现行法律、行政法规以及地方性法规赋予教育机构的民法中规定的一般法人权利和其他法律法规规定的权力。同时，还包括将来制定的法律法规确定的有关权利。

(二) 幼儿园的法律义务

根据我国《教育法》的规定，幼儿园应履行以下基本义务。

1. 遵守法律法规

这项义务是法律对一般法人的要求。幼儿园是育人的社会组织,遵守法律法规是其必须履行的基本义务。此项义务中的"法律",包括宪法和国家权力机关指定的法律;"法规"包括国务院制定的行政法规和地方性法规。

2. 贯彻国家的教育方针,执行国家保育教育标准,保证保育教育质量

这项义务的主要内容是幼儿园在保育教育活动中,要坚持社会主义办学方向,按国家规定的保育教育目标,面向全体幼儿,实施全面发展教育。执行国家关于幼儿园的保育教育标准,努力改善办园条件,加强育人环节,保证不断提高教育质量。

3. 维护受教育者、教师及其他职工的合法权益

这项义务的主要内容是指幼儿园自身的行为不侵犯幼儿、教师及其他职工的合法权益;当教育机构以外的其他社会组织和个人侵犯了幼儿、教师及其他职工合法权益时,幼儿园应当以合法方式,积极协助有关单位查处违法行为的当事人,维护其合法权益。

4. 以适当方式为幼儿监护人了解幼儿的发展状况及其他有关情况提供便利

这项义务的实质是幼儿园保障幼儿监护人了解幼儿在园情况的知情权,加强幼儿园教育与家庭教育的联系和沟通。幼儿园在履行此项义务时,要特别注意不得侵犯受教育者的隐私权、名誉权等合法权益。

5. 遵照国家有关规定收取费用并公开收费项目

幼儿园应按省、自治区、直辖市或地(市)级教育行政部门会同有关部门制定的收费项目和标准,从公益性质出发,按照成本分担原则,公平、合理地确定本园收费标准,并向家长、社会及时公布收费的项目。

6. 依法接受监督

这项义务是指幼儿园对各级权力机关、行政机关依法进行的检查、监督以及社会各界依法进行的监督,应当积极给予配合,不得拒绝,更不得妨碍检查、监督工作的正常运行,这是幼儿园作为独立法人应承担的法定义务。

三、举办幼儿园的条件

根据《教育法》《幼儿园管理条例》和《中华人民共和国民办教育促进法》(以下简称《民办教育促进法》)等相关法律规范,在我国境内举办幼儿园必须具备以下基本条件:必须有举办幼儿园的主体资格;必须有组织机构和章程;必须有合格的园长、教师、保育员、医务人员;必须有符合规定的保育教育场所及设施设备;必须有必备的办园资金和稳定的经费来源。

(一)必须有举办幼儿园的主体资格

幼儿园的主体资格是指依照相应的法律法规和行业规范,对组织机构或公民开办幼儿园的能力限定和资质要求。《宪法》第十九条中明确规定国家"举办各种学校""发展各种教育设施”“鼓励集体经济组织、国家企业事业组织和其他社会力量依照法律规定举办各种教育事业”。任何组织和部门不得以营利为目的举办学校及其他教育机构。可以这样理解：一方面，国家、企事业组织、社会团体，其他社会组织及公民个人可依法举办幼儿园；另一方面，根据《教育法》和有关法律规定，下列组织和公民不得举办幼儿园。

1. 不具有法人资格的社会组织不能举办幼儿园

《民办教育促进法》第九条规定：“举办民办学校的社会组织，应当具有法人资格。”社会组织要举办幼儿园必须具备法人资格，这样才能以一个法律主体的资格参加到法律关系中，取得平等的、合法的法律地位，独立地享受权利，承担民事责任。如果社会组织不具有民事权利能力和民事行为能力，那就无法享受权利，承担义务，故不能举办幼儿园。

2. 以营利为目的的不能举办幼儿园

《教育法》第二十五条规定：“任何组织和个人不得以营利为目的举办学校及其他教育机构。”幼儿园如果以营利为目的，被主管教育行政部门给予停办处罚的，就失去了举办教育机构的主体资格，不得再举办教育机构。区分幼儿园是否以营利为目的，关键看幼儿园是否把筹措的资金、获取的收益以及用于幼儿园各项合理开支后的盈余全部用于幼儿园的建设和发展有关公益性的活动。凡目的在于举办者之间进行利润分配，或归举办者所支配并用于其他营利性的经营活动，而且获得的收益归举办者所有，则属于以营利为目的的或变相以营利为目标的办园。

3. 限制民事行为能力或无民事行为能力者不能举办幼儿园

民事行为能力是指公民以自己的行为行使民事权利和承担民事义务的能力。限制民事行为能力和无民事行为能力人包括精神病人、间歇性精神病人或未成年人，自己不能独立享受民事权利、承担民事义务，应由监护人或法定代理人行使、承担。

4. 其他不能举办幼儿园的情况

被剥夺政治权利的或被判处有期徒刑以上刑罚正在服役者不能举办幼儿园。

（二）必须有组织机构和章程

在幼儿园的管理方面，我国有多部法律法规和政策文件对其进行了规范，如《幼儿园管理条例》《中华人民共和国学前教育法（草案）》等。这些法规和政策文件强调了对幼儿园设立、运营、管理等方面的规范化、法制化要求，包括要求幼儿园制定和完善章程并报请主管教育行政部门。幼儿园应当遵循相关法律法规和政策文件的要求，逐步制定和完善本园的章程，并报请主管教育行政部门审核，以确保幼儿园的管理走上规范化、法制化的道路。

幼儿园的章程应该表明本园的名称、办园宗旨、开展保育教育的主要任务、机构内部管理体制，教职工参与民主管理与监督的制度、财务管理制度、人事管理制度、举办者及其权利、职责、规章的修改程序等内容，这些内容必须符合《幼儿园管理条例》的规定。幼儿园章程自幼儿园被批准开办之日起生效。

（三）必须有合格的园长、教师、保育员、医务人员

拟申请举办的幼儿园要聘请具有教师资格的专业人员，才符合法律规定的设立条件。

另外，教师、保育员、医务人员的数量还应和拟设立的幼儿园规模、任务相适应。《幼儿园管理条例》第九条规定：幼儿园园长、教师应当具有幼儿师范学校毕业程度，或者经教育行政部门考核合格；医师应当具有医学院校毕业程度，医士和护士应当具有中等卫生学校毕业程度，或者取得卫生行政部门的资格认可；保健员应当具有高中毕业程度，并受过幼儿保健培训；保育员应当具有初中毕业程度，并受过幼儿保育职业培训。

（四）必须有符合规定的保育教育场所及设施设备

不同类型的学校（如幼儿园、小学、中学、大学等）和同一类型学校中不同规模的教育机构，在园舍、场地、教学仪器、设备、图书资料等方面的配置要求也会有所不同。这些要求通常会在具体的法律法规、教育部门的规范性文件或学校的设立审批过程中得到详细的规定和审核。《幼儿园管理条例》第八条规定：“举办幼儿园必须具有与保育、教育的要求相适应的园舍和设施。幼儿园的园舍和设施必须符合国家的卫生标准和安全标准。”

2.1 园舍、环境、设施设备的要求

（五）必须有必备的办园资金和稳定的经费来源

必备的办学资金和经费是指自己独有的财产，这种财产要与自己业务性质、规模、范围大体相适应。《幼儿园管理条例》第十条规定：“举办幼儿园的单位或者个人必须具有进行保育、教育以及维修或扩建、改建幼儿园的园舍与设施的经费来源。”

申请举办幼儿园时，举办者应根据所办机构的要求，搞好办园经费的收支预算，并保证通过财政拨款或自有资金，以及社会捐赠等合法渠道筹集到举办幼儿园所必备的最低启动资金。同时，应该确保幼儿园设立后，有稳定的经费来源。通过贷款、借款筹集资金开办幼儿园，并以所办幼儿园向学生收取学费偿还贷款、借款的办法，是不符合教育法规定的。

四、举办幼儿园的程序

拟举办者具备了设置幼儿园的基本条件后，还要经过法定的程序才能成立并继而获得合法地位。《教育法》第二十七条明确规定：“学校及其他教育机构的设立、变更和终止，应当按照国家有关规定办理审核、批准、注册或者备案手续。”《幼儿园管理条例》第十一条规定：“国家实行幼儿园登记注册制度，未经登记注册，任何单位和个人不得举办幼儿园。”

（一）登记注册制度及程序

登记注册制度是指主管部门对申请者提交的申请设立教育机构的报告应当进行审核，如未发现有违背法律法规规定的情形，只要拟办的教育机构符合设置标准，都必须予以登记注册，使其取得合法的地位；对不符合设置标准的，予以拒绝，并以书面形式通知申请者。注册的实质是确认申请者所办教育机构的法律地位或事实。

登记注册的一般程序如下。

（1）举办者提出办园申请，并附相关文件。其中社会力量举办幼儿园，提交下列材料：申办报告；举办者的资格证明文件；拟任园长或者主要行政负责人以及拟聘教师的资格证明文件;拟办教育机构的资产及经费来源的证明文件;拟办教育机构的章程和发展规划;审批机关要求提供的其他材料。联合举办教育机构的,还应当提交联合办学协议书。

(2) 教育行政机关对办园申请进行审核。

(3) 教育行政机关经过审核后对办园申请做出答复。对符合条件者予以登记注册,对不符合条件者不予注册,并将原因通知申请者。审批机关的答复,应该在自收到申请之日起三个月内以书面形式做出答复。

(二) 幼儿园登记注册的机关

根据《幼儿园管理条例》第十二条规定:“城市幼儿园的举办、停办,由所在区、不设区的市的人民政府教育行政部门登记注册。农村幼儿园的举办、停办,由所在乡、镇人民政府登记注册,并报县人民政府教育行政部门备案。”当幼儿园变更或撤销时,无论任何原因,都必须在原登记注册机关办理注销备案手续。

(三) 实施幼儿园登记注册制度的意义

实施幼儿园登记注册制度,使幼儿园的法律地位得以确认,各项合法权益得到法律的保护;有利于主管部门的管理和监督,防止擅自设立幼儿园;有利于幼儿园的合理布局,避免教育资源的浪费。

(1) 实施登记注册制度,有利于政府掌握本地区幼儿教育的发展状况,实行宏观调控,编制事业发展规划,促进幼儿教育事业的发展。在登记注册过程中,教育主管部门可以了解到辖区内各类幼儿园布点招生情况。这样,就有利于编制本地区幼儿教育发展的规划;有利于宏观调控,避免低水平设置幼儿园或重复设置幼儿园,减少人、财、物的浪费;有利于筹划幼儿园各类人员的专业培训,从而保证保教质量的提高,保证幼儿园教育事业的健康发展。

(2) 实施登记注册制度,可促进幼儿园具备必要的办园条件,保证办园质量。幼儿园的举办者在幼儿园登记注册前,必须了解国家对幼儿园在园舍设施、人员配备、经费来源方面有哪些要求,筹划幼儿园的人、财、物。我国许多幼儿园是在国家实行登记注册前举办的,目前,应按照《教育法》的规定,逐步履行相应的登记注册手续。

(3) 实施登记注册制度,有利于理顺幼儿园领导管理体制,加强教育行政部门的业务管理。我国的幼儿园除了国家举办外,绝大多数是由各部门、各单位和各行业各方面的力量设置的。通过到本地区教育行政部门办理登记注册手续,可以促进所有幼儿园与教育行政部门明确隶属关系,加强教育部门对各类幼儿园的业务管理和指导,从而全方位地促进本地区幼儿园的管理水平和保教质量的提高。

案例分析

小王幼师毕业后,准备自己创业,她既未在当地政府登记注册,也未到教育局备案,就开办了幼儿园,并招收了50多名幼儿,聘请了多名幼儿教师。当地教育局在进行检查时发现此情况,对小王做出责令停止办园的行政处罚。小王以受部分亲友的委托替他们看护小孩,是一种义务服务行为为由,对行政处罚不以执行,继续开办幼儿园。

问题:对小王的做法你是怎样看的?这样做会导致什么后果?

延伸阅读

幼儿园准入管理

《国务院关于当前发展学前教育的若干意见》将幼儿园准入管理概括为"分类""管理""年检""审批""治理"十个字。

分类是指各地根据国家基本标准和社会对幼儿保教的不同需求,制定各种类型幼儿园的办园标准,实行分类管理、分类指导。

管理是指对社会各类幼儿培训机构和早期教育指导机构,审批主管部门要加强监督管理。

年检是指完善和落实幼儿园年检制度,未取得办园许可证和未办理登记注册手续,任何单位和个人不得举办幼儿园。

审批是指县级教育行政部门负责审批各类幼儿园,建立幼儿园信息管理系统,对幼儿园实行动态监管。

治理是指全面排查,加强指导,督促整改。整改期间,要保证幼儿正常接受学前教育。经整改达到相应标准的,颁发办园许可证。整改后仍未达到保障幼儿安全、健康等基本要求的,当地政府要依法予以取缔,妥善分流和安置幼儿。

第二节　幼儿园环境创设

幼儿园的环境是指幼儿园内促进幼儿身心发展所必须具备的一切物质条件和精神条件的总和。幼儿的成长离不开环境,环境对幼儿发展的影响是极其深远的。《幼儿园指导纲要(试行)》明确指出:"幼儿园应为幼儿提供健康、丰富的生活和活动环境,满足他们多方面发展的需要,使他们在快乐的童年生活中获得有益于身心发展的经验。"

一、幼儿园环境的教育作用

环境是重要的教育资源,就像是一位不会说话的老师。幼儿园的环境作为一种"隐性课程",在开发幼儿智力、促进幼儿个性发展等方面具有不可低估的教育作用。

(一) 利用环境开发幼儿智力

马克思说:"人创造了环境,同样环境也创造了人。"幼儿园的墙面、活动区等是在课程实施中环境的一部分,它们以直观形象的方式和材料记录下已经和正在实施的课程,使课程不断延伸。让孩子们在活动中不断发现问题、解决问题,通过解决旧问题,进而产生出新问题，可见不断的创设和完善环境的过程也就是不断拓展、延伸课程。如某幼儿园中班，在根据教学目标创设的“大自然的语言”这一主题中，他们在副墙上布置了天气记录表，幼儿通过观测记录每天的天气，于是他们就产生了疑问：为什么会有雨？风是怎样形成的？……又如，幼儿和教师一起制作“小水滴旅行图”，他们画的小水滴形象可人，幼儿被主题内容深深吸引，不但潜移默化地受到了教育，知道了水的三态变化，而且通过他们之间的相互交流，也很大程度地获得了认知上的发展和语言能力、动手能力上的提升。同时孩子们陷入深深的思考中，孩子们想象着水滴成云的情景，并相互抱在一起形象地模拟着水滴成云的现象，还提出了更多的关于这方面的问题。孩子们在环境和材料的相互作用中学习、探究，从而激发了他们的学习兴趣和求知欲望。

（二）环境创设可激发幼儿探索兴趣

教师可充分利用区域环境，激发幼儿学习的愿望和动手的欲望。例如，在科学探索区配置多种多样的、适合幼儿发展的材料和工具，这些材料和工具能激起幼儿的好奇心，使他们轻松、愉快地主动参与到有趣的科学探索活动中。教师为幼儿准备放大镜、磁铁、天平，各种形状的卡片、拼图等，供幼儿操作。在美工区，提供蛋壳，颜料，废旧的瓶、罐，促使幼儿与环境相互作用，以获得丰富的直接经验，寻找事物之间的联系，对科学产生浓厚的兴趣，让孩子们感受到创造的意义和价值，从而乐于创造，乐于探索。

（三）环境创设可培养幼儿自主意识

幼儿园环境创设既可为幼儿提供获取新知识经验、锻炼双手技能的绝好机会，又可使幼儿对自己亲自动手、动脑布置的环境产生一种亲切感和满足感，从而更加爱护、珍惜环境，同时成就感又得到鼓励，更激发出幼儿与环境的互动作用。尤其活动区的设计提供了符合幼儿年龄特点，与教育课程要求相适应的操作材料，材料和工具的摆放，方便幼儿取放，培养幼儿玩后放回原处的好习惯。由于幼儿喜欢介入环境，体验自身的行为过程，因此教师在创设环境时，要注重环境设计过程的指导，让幼儿在参与环境的过程中，不断锻炼、增长能力，发挥幼儿在环境创设中的主体作用。例如，某幼儿园大班的孩子在老师的帮助下，创设“快乐家园”的主题环境。背景是地球，意为我们共同的快乐家园。在孩子们热烈的讨论下，决定通过画和剪贴的方式，以分工合作的方法来完成。孩子们把自己纸折的青蛙、自己画剪的云朵、自己制作的小房子，还有自己的自画像等都处理好粘贴到“地球上”，当整个创设完成时，孩子们兴奋极了。这种把幼儿的作品组合起来进行环境布置的形式，使每个幼儿都感受到成功的喜悦，体验到合作的乐趣。更重要的是对地球有了更深的了解，更热爱生活，热爱自己的家园。幼儿通过动手、动脑，在亲手参与环境布置的教育过程中，获取了新的知识经验，也得到了能力上的培养。而幼儿对自己布置的环境也有一种特殊的钟爱和亲切感，这样会激发幼儿更充分地与环境相互作用，体验到了合作的快乐，幼儿的交往能力也得到了发展。

二、幼儿园室外环境创设

幼儿园的室外环境是幼儿园环境的重要组成部分，是园所整体外在的表现，主要体现在园门、围墙、绿化、游戏和运动场所的设计与整体布局。

（一）幼儿园园门及围墙

园门及围墙是幼儿园的整体外在表现。园门是幼儿园的入口与标志，能给每一位来访者留下良好的第一印象，是幼儿园精神面貌的显现。因此，园门的造型要具有一定的特色，体现幼儿开朗大方、活泼清新的特点，能够吸引幼儿到园学习。

围墙把幼儿园与外界环境分隔开，防止外界干扰，保护幼儿园环境。幼儿园可根据本园实际选择外墙封闭形式，同时，应该合理利用幼儿活动用墙和教育活动用墙。

（二）幼儿园户外绿化环境

幼儿园的绿化面积的理想标准是达到全园总面积的 40%～50%，绿化环境的创设不仅能够美化环境、净化空气、增加遮阳面积，还能够让幼儿在舒适优美的绿树草地间尽情游戏，认识大自然，去感受美、发现美、表现美和创造美。

幼儿园户外绿化环境的创设应该根据本园的自然环境状况，选择合适的花草树木，提高绿化的多样性，为幼儿提供探索、种植、照顾的机会；通过合理规划种植、利用绿化带划分活动区域，方便幼儿寻找相应的活动场地。

（三）幼儿园户外活动环境

幼儿园户外活动环境是室内环境的延伸，主要有集体游戏活动场地、大型器材活动场地、沙池、洗手池和储水深度不超过 0.3 米的戏水池等。幼儿在户外游戏和运动、与大自然亲密接触、与教师有效互动、与同伴积极交往，对于促进幼儿的学习与发展具有重要作用。

幼儿户外活动环境的创设应该安全开阔、地面平整、日照充分、通风良好，各班专用及全园共用的场地划分清晰，场地与器材的整体布局合理，各项活动场地有明确的活动区标识、安全提示、游戏和运动后的整理要求等。

三、幼儿园室内环境创设

幼儿园室内环境是幼儿园环境创设的重要组成部分，对幼儿的学习与发展具有重要作用，主要体现在对走廊空间、室内主题墙、室内活动区域、寝室、盥洗室、专用室（科学室、阅读室、美工室、陶艺室、木工室等）、多功能室环境的创设。

2.2 走廊空间利用与美化

（一）走廊空间

园所走廊既是室内外连接的交通要道，又是幼儿经常出入的通道，充分利用走廊的空间并将墙面创设为一条教育长廊，会对幼儿起到潜移默化的影响。

室内走廊空间的创设应该充分保证幼儿在走廊空间里的自由活动；保证幼儿家长接、送幼儿时行走的畅通；利用走廊墙面无声的教育环境展示园所、班级保教工作情况，沟通家园关系，提供家庭教育服务。

（二）室内主题墙

室内主题墙的环境创设是指幼儿园每个班级根据主题活动对班级的墙面进行创设活动。主题墙创设的情景氛围可以使幼儿有身临其境的感受，支持和引导主题活动的开展。主题墙的内容可以以季节、节日、故事、植物、动物或人物为主题。

室内主题墙的环境创设应该紧紧围绕主题，内容丰富，保持内容的连续性、整体性及形式的多样性；主题画面色彩的变化、色调的协调要与主题相符合，给幼儿以美的视觉享受；应该让主题墙的设计和布置变成幼儿园课程的一个环节，在主题的确定、空间的设计、色彩的运用、材料的选择、墙面的布置上强调幼儿参与完成。

（三）室内活动区域

区域活动是幼儿园班级教育活动的重要组成部分，幼儿在教室一定的活动区域中活动，对促进幼儿身心全面和谐发展起到重要作用。教室里常设的活动区域有阅读区、语言区、角色区、积木区、科学区、数学区、美工区等。幼儿园的区域划分不是固定的，要因园而异。

室内区域活动环境的创设应该体现不同活动区域的特点，在整体上做到动静区、干湿区分开，区域之间间隔明显，区域间的行走路线清晰，各区域的标记、指示牌清楚明确，声音、光线、色彩舒适。

（四）多功能室

2.3 区角活动环境创设的要点

幼儿园多功能室是指具备全园集体活动、观摩教学活动、艺术活动等多种功能需求的活动室。

幼儿园多功能室的环境创设在色彩选择上以暖色为基调，宜采用高亮度、低彩度的色调，以流畅曲线或图案加以美化；在空间布局上要根据实际使用面积和功能合理设置，保证设施、通道安全；配备数字多媒体、音响等电子设备，并建立相应的管理制度。

四、幼儿园环境创设的问题与策略

反思幼儿园环境创设，有些管理者、教师片面理解环境创设的内涵，或将环境创设等同于墙面布置，或忽视环境创设中幼儿的主体性，或追求环境创设的精美，影响了幼儿园环境质量的提升。针对上述问题可以采取以下策略。

（一）加深对环境创设的理解

幼儿园环境创设应该依据国家标准，突出育人功能、以幼儿为主体，满足幼儿需求。幼儿园的环境创设存在地域性和差异性，应因地制宜、因园而异，既要体现个性，也要遵循共性；环境的创设必须符合国家颁布的相关卫生标准和安全标准；要发挥环境作为重要隐性课程的教育功能；应符合幼儿的身心发展需要及其年龄特征；应尊重幼儿，给予幼儿参与环境创设的机会;应使物质环境和精神环境相互融合,相互促进;应因地制宜、变废为宝、勤俭节约。

(二) 统一规划和管理

针对幼儿园不同楼层、不同区域、不同班级之间的环境创设在内容上琐碎、零散,各自为政,与整个园所的环境创设相脱节的情况,幼儿园应采取统一的规划和管理。

幼儿园要树立环境整体观,根据园所的办园理念、课程理念等,对园舍建筑、园内装饰、场所布置、设备条件、物理空间的设计与利用及各种材料的选择与搭配等做统筹规划,形成统一风格。从班级设定到环境布置,从户外创设到室内布置及材料投放等,都要具有一贯性、彼此联系,彼此呼应、互补,使创设的环境能满足幼儿生活、运动、游戏、学习的需求,成为一个系统化的整体。

环境创设不是一成不变的,它必须随着幼儿的兴趣、需要、能力的变化,以及教育目标、客观条件的变化而不断变化。教师要对环境与幼儿的相互作用保持高度的敏感,及时调整优化环境,要让环境保持适合幼儿发展的最佳状态。

(三) 适度装修和装饰

有的幼儿园为了突出视觉效果和美感,在环境创设时进行过度装修和装饰且在材料的运用上存在安全隐患,出现破坏户外自然环境等情况。对此,可以采取以下策略。

幼儿园的室内环境要去模式化的装潢,不做过多的装修、装饰,要根据活动的需要,适当装饰,力求结构合理、色彩协调、风格独特、情趣高雅,以艺术化的视角来创设环境,将艺术与生活结合。教师可与幼儿一起利用生活用品和游戏材料进行艺术化摆放,将植物“镶嵌”在活动区域中。

幼儿园应为幼儿提供自然、原生态的户外环境,坚实平坦的土地、沙地、草地。可将木屋、树木、土坑、土坡、水管、木桩和各种生活用具或自然物合理地、富有变化地创设在场地的每个角落,让幼儿在纯自然的状态下奔跑追逐、游戏,凭自己丰富的想象去玩各种材料,积累经验。

(四) 重视幼儿的主体性

有时教师花费大量精力创设的环境,如精美而富有艺术性的主题墙,写满文字的“问题墙”,开展“汽车”主题时呈现在悬梁上、墙上、窗户上的各式汽车玩具等,无人问津,幼儿的驻足、交流少之甚少,甚至视而不见。这种现象表明,教师没有领会环境创设的教育功能,在环境创设中以教师为主导,教师展示的东西没有充分考虑幼儿的兴趣、需要和现有的发展水平。因此,在幼儿园的环境创设与利用中,要树立以幼儿作为环境主体的意识,让幼儿成为环境的主人,让环境成为幼儿寄托心愿、宣泄情感、体验成功、展示自我的平台。

教师可以结合日常教学活动,与幼儿讨论如何布置环境,并且将幼儿日常的学习成果用于环境布置,让幼儿参与创设,让幼儿成为环境的布置者和设计者,而不只是使用者。教师可以围绕某个主题或事件等创设栏目,让幼儿定期更新内容,同时辅以相应的活动,引发幼儿关注，促使幼儿长期与之互动。

教师应该从幼儿的视角来创设环境，让幼儿愿意看、看得懂、够得着、摸得到。让幼儿看得懂，应避免出现大量的文字，选择幼儿能理解、能读懂的方式；让幼儿够得着，主题环境创设时，材料不宜高挂，应挂在幼儿够得着的地方，让幼儿触摸它、拨弄它、观察它，让幼儿能够接触到幼儿园环境中的每一寸空间、每一件材料、每一面墙，并引发和支持幼儿与环境的互动。

案例分析

某幼儿园为了迎接市一级幼儿园评估，与某装修公司签订了改造装修旧园舍的合同。8月20日，改造装修工程完毕。由于9月1日的开园时间迫近，再加上迎检工作繁重，幼儿园没有请相关质检部门进行检测、验收就投入了使用。11月，幼儿出勤率开始下降，发病率不断上升。医生检查诊断的结果是大多数幼儿患了咽炎和慢性哮喘。12月，卫生部门在每年进行的例行检查中发现，该幼儿园活动室和午睡室的空气中甲醛含量超标，进一步检测发现装修材料不符合国家质量标准，说明幼儿的发病与该园活动室和午睡室的空气中甲醛含量超标有直接关系。幼儿家长纷纷要求幼儿园承担全部责任。

分析：在本案例中，幼儿在幼儿园新装修的园舍出现慢性中毒事故，家长要求幼儿园对此造成的伤害负全部责任的理由是充分的。

幼儿园违背了《幼儿园管理条例》中“幼儿园的园舍和设施必须符合国家卫生标准和安全标准”的规定，也违背了我国《民用建筑工程室内环境污染控制规范》中关于民用住宅、幼儿园在进行工程验收时，必须检测室内环境污染程度，对于室内环境检测质量验收不合格的工程严禁投入使用的规定。

因此，幼儿园应承担幼儿伤害的全部责任。教育行政部门可视其伤害的程度给予限期整顿、停止招生、停止办园的行政处罚。同时，幼儿园应当根据《产品质量法》和《消费者权益保护法》的有关规定，向装修公司提出追偿，双方可以协商解决。如果装修公司不愿承担法律责任，幼儿园可以向人民法院提出诉讼，依法追究装修公司的法律责任，要求其赔偿相应的损失。

建议：幼儿园在装修前应向卫生行政部门递交申请报告和装修方案，征得卫生行政部门的许可和技术上的支持；在对施工队的资格认真审查后签订严格的施工合同，严把技术关、材料关，防止偷工减料；请质检和卫生行政部门做好质量验收和检测工作，并给出书面报告；没有经过验收检测或验收检测不合格的房屋严禁投入使用。

思考与练习

1. 幼儿园的含义。
2. 举办幼儿园的条件有哪些？
3. 幼儿园的基本权利与义务是什么？
4. 幼儿园环境教育的作用有哪些？

5. 幼儿园环境创设应注意哪些问题？应如何解决？

实践与训练1

项目：幼儿园环境创设。

内容：幼儿园外部环境创设。

要求：

(1) 以小组为单位，到所熟悉的大型或中型幼儿园观察，写出观察提纲。

(2) 重点观察幼儿园室外环境建设情况。

(3) 利用所学的知识分析幼儿园环境建设情况，提供小组的意见和建议。

实践与训练2

项目：幼儿园环境创设。

内容：班级主题墙创设、活动区域创设、走廊空间创设。

要求：

(1) 以小组为单位，到所熟悉的幼儿园进行观察。

(2) 根据调查材料(照片或视频)进行小组分析、交流和总结。

(3) 针对该幼儿园班级室内环境创设情况完成调查报告。

第三单元
幼儿园的组织与制度

学习目标

1. 了解幼儿园组织机构的含义及组织机构的管理层次。
2. 了解幼儿园各个岗位的职责、幼儿园规章制度的内容。
3. 理解园长负责制的含义。
4. 掌握幼儿园组织机构的设置原则和程序。
5. 通过对管理案例的分析提高解决管理问题的能力。

课程导入

某幼儿园决定采用“满勤给奖”制度来加强管理，当月满勤的教师发放奖金100元，如果出现上班、业务学习、开会缺席或迟到的情况，该教师该月没有奖金。3月兑现奖惩时，李老师找到王园长，不服气地质问：“星期二的早上我是迟到了，可是我是和小张主任一起进园的，凭什么她没有扣奖金，我却扣了?”王园长告诉李老师：“周二上午市教育局领导来园检查，为了准备资料，小张主任前一天晚上加班到12点，第二天检查的成绩也是有口皆碑，按说当属褒奖之列，所以第二天来迟一点没有扣奖金。”听完王园长的解释，李老师越发不满：“小张主任迟到了就可以当作一个例外，那在教代会上通过的《考勤制度》不就是一纸空文吗？是不是你觉得有功的人、听你话的人随便捏一个理由就可以不处理了？那你这不是明摆着整我吗?”一时间，这件事在幼儿园被教师们议论纷纷，给幼儿园的制度管理带来了诸多障碍。

为了有效地管理幼儿园，就要对幼儿园各项工作和各类人员的要求加以条理化、系统化，规定必须遵守的行为准则和工作规程，制定切实可行的规章制度，按规章制度办事。同时，在制度的执行过程中要赏罚分明，还要充满尊重、理解、沟通、信任等人文精神。

第一节　幼儿园的组织机构

幼儿园保教工作繁杂、头绪多，如果没有细致的分工和严密的组织，就无法保证各项工作的顺利完成。如果幼儿园管理者对管理工作临时酌情拍板，势必造成工作忙乱无序，不利于全面管理。如果由各部门工作人员根据自己的想法自行决策，又会造成各自为政、各行其是、互不衔接的状况。为了把幼儿园管理得有条理、有成效，就要科学地设立幼儿园的组织机构。

一、幼儿园组织机构的含义和设置

（一）幼儿园组织机构的含义

从管理学意义上说，组织就是按照一定的目的和程序而组成的一种权责角色结构，是实现管理目标和管理职能最重要的手段和工具。美国管理学家切斯特·巴纳德认为：由于生理的、心理的、物质的、社会的限制，人们为了达到个人的共同的目标，就必须合作，于是形成群体，即组织。

组织具有静态和动态两种含义。从静态方面看，组织作为一个实体，是指人们通过某种结构形态，通过分工、合作以及不同层次的权力与责任制度，为实现共同目标而协调努力的集合体。从动态方面看，组织作为一种活动，是指将实现目标所必须进行的业务活动加以分类，并据此拟定职务，建立机构、选用人员、配备物料、明确职权的过程。

组织工作是根据一个组织的目标，将实现目标所必须进行的各项业务加以分类组合，设计出合理的组织机构，配备相应人员，分工授权并进行协调的过程。它的目的就是要通过建立一个适用于组织成员相互合作、发挥各自才能的良好环境，从而消除由于工作或职责方面所引起的各种冲突，使组织内员工都能在各自的岗位上为组织目标的实现做出应有的贡献。

幼儿园组织机构是依据幼儿教育的基本特点和组织程序，以及组织管理的规律而组成的相互分工合作的层级、部门和个人所构成的系统。它是为实现特定的幼儿教育目标，根据一定的原则而构建起来的，是发挥管理职能，实现管理目标的工具。幼儿园组织机构具有整体性、目的性、纪律性、合作性和稳定性的特点。

（二）幼儿园组织机构的设置

科学、合理的组织机构是实现幼儿园高效优质管理的前提，设置幼儿园组织机构必须依据国家《幼儿园工作规程》《幼儿园管理条例》、省、市和地方及其教育职能部门文件精神，依据幼儿园本身的实际情况（园所规模、性质、类型、环境资源等），依据组织设计的基本原则（任务需要原则、分工协作原则、责权利一致原则、统一指挥原则）。

幼儿园组织机构的设置程序：分析实现幼儿园的任务目标要开展哪些工作及具体组成环节，确定工作流程；根据工作任务、性质及工作流程划分职能部门；分解各职能部门的工作，再划分专门机构（组或室）；依据各组室的任务定员定编；根据各岗位的任务，确定各岗位人员的责、权、利；各职能部门和专门机构相统一、分工协作，形成幼儿园的组织机构。

二、幼儿园组织机构及管理层次

3.1 组织机构设置的原则

（一）幼儿园组织机构

幼儿园组织机构一般包括行政组织、业务组织、党群组织、其他组织。

1. 行政组织

行政组织的核心是园长，负责主持全园的行政工作。幼儿园的行政组织架构因幼儿园的规模大小而有所不同，主要是依据工作性质和范围分别设定相应的职能组织与职务。

2. 业务组织

幼儿园的工作中心是保教工作，保教工作是幼儿园工作的主体，直接关系到幼儿的身心发展和办园的质量。由于业务组织承担的工作量、要完成的具体工作比较多，因此在人员配备上要专设一名业务园长。规模小的幼儿园可由园长代替。

3. 党群组织

党群组织包括党组织、团组织、工会、教职工代表大会等，党群组织对幼儿园的各级组织起着保证、配合、监督和制约的作用，是幼儿园实现民主管理和有效管理的基础。

4. 其他组织

根据幼儿园的实际工作，还可设立幼儿家长委员会、园务委员会、治安保卫小组等，这些组织是配合幼儿园完成保育、教育任务的有效组织。

（二）幼儿园组织机构的管理层级

幼儿园组织机构的管理层级可分为指挥决策层、执行管理层和具体工作层，见图 3-1。

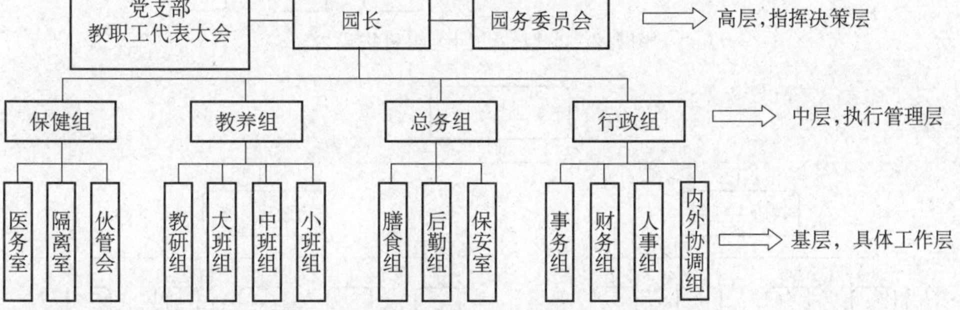

图 3-1 幼儿园组织机构的管理层级结构

1. 幼儿园管理的指挥决策层（高层）

园长是幼儿园行政负责人，是最高的行政管理者、指挥者。按照幼儿园编制标准，三个班以下的幼儿园设一名园长,四个班以上的幼儿园设一正一副两名园长,十个班以上的或寄宿制幼儿园设一正两副三名园长,副园长协助园长工作。

高层管理者要有较强的决策能力,审时度势,根据社会的发展和家长的需要,科学规划幼儿园的未来发展蓝图,突出办园特色。

2. 幼儿园管理的执行管理层(中层)

执行管理层的管理者为各个职能部门的负责人,即保教主任、总务主任等。其职责是下达和执行园长的决策,将决策转化为可操作性的行动,同时负责本部门教职工的管理和组织开展本部门的工作。

中层管理者要有比较强的协调能力,协调好上下级关系,合理配置园内各种教育资源,指导组织安排人员做好各项工作,调动员工工作积极性,对教职工的工作作出科学评价,提高幼儿园组织效能和保教质量。

3. 幼儿园管理的具体工作层(基层)

具体工作层包括各班组、班级和班组的工作人员,主要负责各类具体工作,如膳食组、财务组、教师和保育员。

(三)幼儿园有代表性的组织机构设置

由于幼儿园的类型、规模不同,因此在组织机构设置、职能部门划分及人员配备上也有所不同。下列为不同规模的幼儿园组织结构设置,供参考。

结构一:适合 4 个班以下的小型幼儿园组织机构设置,参见图 3-2。

结构二:适合 5 个班以上的中型幼儿园组织机构设置,参见图 3-3。

结构三:适合 10 个班以上的大型幼儿园组织机构设置,参见图 3-4。

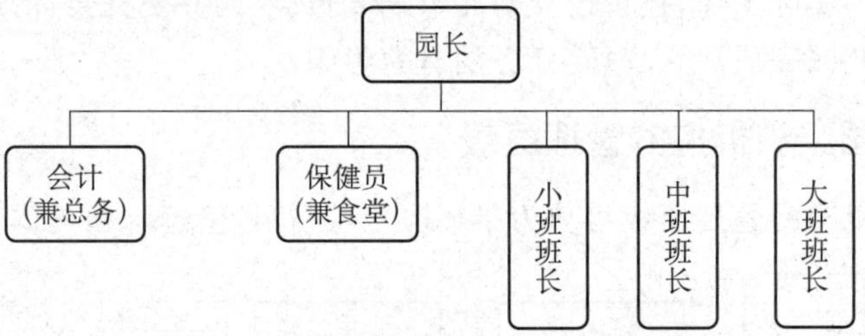

图 3-2　小型幼儿园组织机构设置

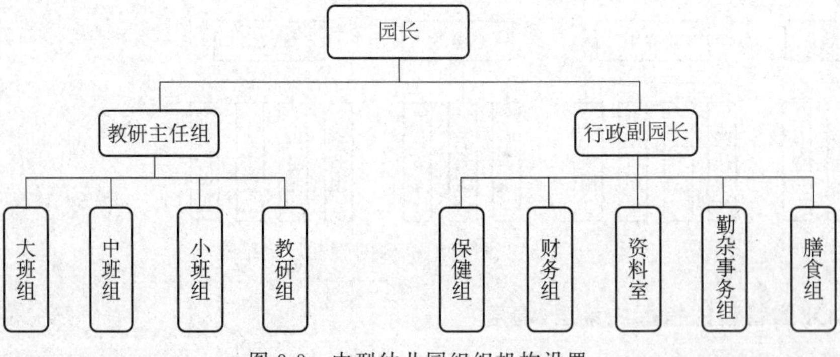

图 3-3　中型幼儿园组织机构设置

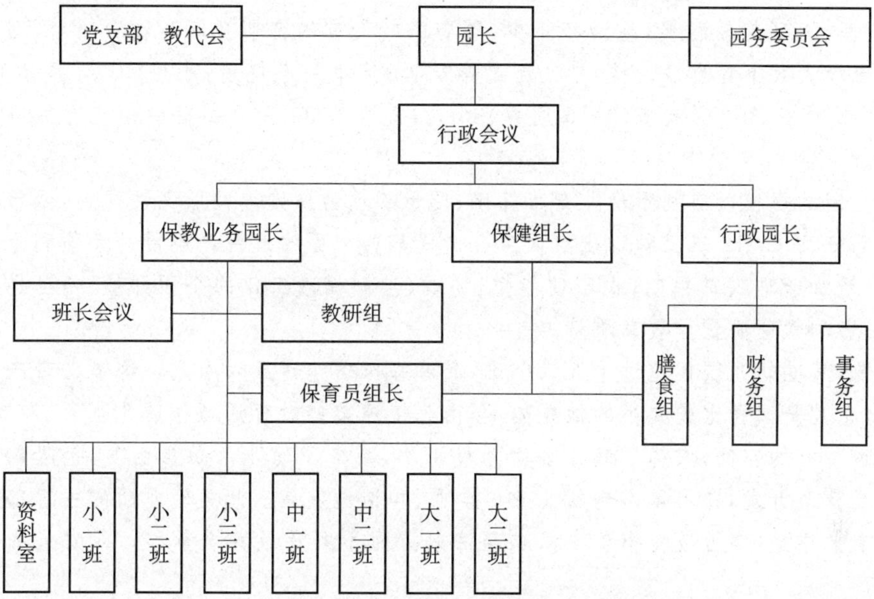

图 3-4 大型幼儿园组织机构设置

延伸阅读

幼儿园教职工编制

由劳动人事部和国家教育委员会于 1987 年 3 月 9 日颁布的《全日制、寄宿制幼儿园编制标准(试行)》规定,教职工与幼儿的比例是,全日制幼儿园(1∶6)～(1∶7);寄宿制幼儿园(1∶4)～(1∶5)。其中主要工作人员的配置比例如下。

园长:3 个班以下的全日制幼儿园设 1 人;4 个班以上的全日制幼儿园设 2 人;10 个班以上的寄宿制幼儿园设 3 人。

专职教师:全日制幼儿园平均每班配 0.8～1 人;寄宿制幼儿园平均每班配 2～2.5 人。

保育员:全日制幼儿园平均每班配 0.8～1 人,寄宿制幼儿园平均每班配 2～2.2 人。

医务人员:全日制幼儿园一般配 1 人,幼儿超过 200 名的酌情增加;寄宿制幼儿园一般配 2 人,幼儿超过 200 名的酌情增加。

财会人员:3 个班以上的幼儿园设专职会计 1 人;出纳视幼儿园规模大小,设专职或兼职 1 人。

炊事员:每日三餐一点的幼儿园,每 40～45 名幼儿配 1 人;少于三餐一点的幼儿园酌减。

示范幼儿园和实验幼儿园的教职工编制由上级编制部门根据实际情况,参照上述标准具体掌握。一般可在总编制内调剂安排。

班级编制:我国大多数幼儿园是按年龄编班,即小、中、大班。同年龄并列的两个或几个教学班设年级组。规模小、幼儿少的幼儿园也可实行不同年龄混合编班。由于幼儿年龄小,生理、心理都较稚弱,生活经验少,需要保教人员的密切观察和细心照料,因此幼儿园每个班级人数不宜过多。按《幼儿园工作规程》第十一条规定:小班(3～4 周岁)25 人,中班(4～5 周岁)30 人,大班(5～6 周岁)35 人,混合班 30 人。寄宿制幼儿园每班幼儿人数酌减。

幼儿园的规模以有利于幼儿身心健康、便于管理为原则。按照文件规定,城市幼儿园规模有 6 班、9 班、12 班三种。班数太少会造成某些方面的浪费。规模过大不利于开展工作,即使增加管理人员编制,也不便指挥、协调、控制保教工作的全面开展,一旦措施跟不上,势必影响管理质量和教育质量。

目前,某些幼儿园已超过十五六个班,或者每班幼儿达五六十人。这势必带来管理上的困难,尤其是园舍比较狭小的幼儿园,会由此挤掉某些教育活动和幼儿生活、游戏、户外活动应该占有的空间,束缚了教师全面开展工作,减少了幼儿活动自由度,也限制了幼儿才能的显露与开发,并严重影响幼儿身心全面、和谐地发展。此类幼儿园的主管部门应积极采取有效措施,努力改变招生中只求经济效益而不顾及教育质量和幼儿发展的恶性膨胀局面。

第二节　幼儿园园长负责制

一、园长负责制的含义

原国家教委于 1989 年 9 月颁布《幼儿园管理条例》中指出:“幼儿园园长负责幼儿园的工作。幼儿园园长由举办幼儿园的单位或个人聘任,并向幼儿园的登记注册机关备案。”

1996 年国家教委正式颁布实施的《幼儿园工作规程》第五十二条:“幼儿园实行园长负责制。”2016 年颁布的新规程,也进行了明确,园长在举办者和教育行政部门领导下,依据本规程负责领导全园工作。由此,《幼儿园工作规程》和《幼儿园管理条例》以法规的形式对幼儿园的领导结构做出了具体规定,明确了幼儿园的领导体制为园长负责制。幼儿园实行园长负责制,是加强幼儿园科学管理,发挥管理效能,提高保教质量的重要举措。

园长负责制是指幼儿园在上级主管部门宏观领导下,以园长全面负责为核心,同党支部监督、教职工民主管理有机结合,为实现幼儿园工作目标,充分发挥行政领导职能的三位一体的管理方式。

(一) 园长负责幼儿园的全面工作

园长是幼儿园的法人代表,全面负责幼儿园的保育教育和行政工作。园长对外代表幼儿园,对举办者、幼儿家长及社区负责;对内全面领导保教和行政工作,对全体教职员工、幼儿负责。

园长拥有幼儿园最高行政权,具有以下权力。

1. 决策指挥权力

决定幼儿园的具体教育目标、规划幼儿园的发展，并统筹幼儿园的全面工作。

2. 人事管理权力

园长有权向上级主管部门提出“组阁”意见，改变幼儿园机构组织和权限关系；有权聘用、考核和奖励工作人员；有权在符合国家要求的范围内，按照相关文件精神制定规章制度。

3. 财政管理权力

园长有权在国家规定的范围内支配幼儿园财经费用，规划和使用幼儿园的财产设备。

（二）园长负责制的民主管理

实行园长负责制并不意味着园长的权力不受约束，党组织、教职工代表大会和园务委员等组织参与民主管理，能够完善园长负责制，避免园长的长官意志、一意孤行或独断专行。

《幼儿园工作规程》提出：“幼儿园应当建立教职工大会制度或者教职工代表大会制度，依法加强民主管理和监督。”教职工代表大会的主要职责是听取园长的工作报告，审议办园方针、发展规划，评议园长和其他幼儿园领导干部的工作业绩。教职工代表大会有权就有关幼儿园建设和改革的重大问题提出意见、建议，决定有关教职工生活福利的重要事项，支持园长正确行使职权。

除幼儿园教职工代表大会，幼儿园的园务委员会是幼儿园日常管理民主化的重要形式。园务委员会由保教、医务、财务人员的代表及家长代表组成，园长任主任，定期召开园务会议，对幼儿园工作计划、工作总结、人员奖惩、财务预算和决算方案及规章制度的建立、修改等涉及全园工作的重大问题进行审议。未建园务委员会的小型幼儿园，可由园长召开全体教职工大会进行商议。

二、实行园长负责制的必要条件

（一）园长有办园自主权

幼儿园园长要向幼儿、幼儿家长、幼儿园教职工负责，也要向上级领导部门负责。实行园长负责制，上级教育行政部门对幼儿园的领导和管理应侧重于“宏观”的指导，由单纯的治理或管理转向服务式管理，不随意干涉甚至替代园长的工作。上级教育行政部门要理顺体制，充分“放权”，让园长真正拥有办园自主权，使幼儿园成为相对独立的办学实体，在职权范围内直接处理幼儿园的内部事务。推行简政措施，任务“归口”下达，克服多头领导，精简会议，既要少开会又要按职能分工召开会议。这样，园长负责制就可以名副其实而不是徒有虚名。

（二）完善相应的法规制度

“放权”并不等于放任。实行园长负责制，上级部门和园长都可能在管理中产生各自的主观随意性，会遇到一些具体问题需要解决。因此，为了有效推行园长负责制，就需要建立和完善相应的法规制度,使园长负责制的实施有章可循。这不仅使园长行使办园自主权有了保障,也使上级教育行政部门的督导有了依据。同时,要建立园务委员会、教职工代表大会制度,完善民主管理的组织形式。

(三) 园长的职、权、责统一

园长的职、权、责统一是真正实行园长负责制的关键,具体可以从改革用人制度和劳动报酬分配制度入手。用人制度采用聘任制,园长和教师实行双向选择。可以根据幼儿园的实际情况,采取高职低聘或低职高聘。这不仅有利于教师队伍的优化组合,也使园长真正有了人事管理权。劳动报酬分配可以实行结构工资制度。依据对教职工全面工作的质量检查考核,将报酬与用人及工作的质和量挂钩,做到多劳多得、优劳多得、责重多得,打破分配上的"大锅饭",增强教职工的责任心和幼儿园的凝聚力。

(四) 从严园长的任职资格

好园长是实行园长负责制的前提。园长负责制是一种领导管理制度,也是对园长个人综合素质的要求,一个合格的园长才能充分发挥园长负责制这一领导体制的优越性,应该按照幼儿园园长的标准,从严园长任职资格。园长需要具备一定的思想政治道德素养、知识素养、能力素养和身心素质。要树立新的权力观念、领导关系结构观念,要有革新思想和创新精神。在选好园长的同时,还要组建科学合理的领导班子,建设一支合格的领导干部队伍。

三、幼儿园园长的专业素质

幼儿园园长是履行幼儿园领导与管理工作职责的专业人员。园长只有具备一定的思想政治道德素养、知识素养、能力素养和身心素养才能胜任园长工作。

为促进幼儿园园长专业发展,建设高素质幼儿园园长队伍,深入推进学前教育改革与发展,教育部于 2015 年印发了《幼儿园园长专业标准》,对幼儿园合格园长专业素质提出基本要求,内容包括办学理念、专业要求、实施意见三个方面。在办学理念上要求以德为先、幼儿为本、引领发展、能力为重、终身学习。专业要求方面从专业职责、专业要求二个维度进行了详细阐述。专业职责包括规划幼儿园发展、营造育人文化、领导保育教育、引领教师成长、优化内部管理、调适外部环境六个方面;专业要求针对专业职责从专业理解与认识、专业知识与方法、专业能力与行为三个方面提出了 60 条具体要求(详见《幼儿园园长专业标准》)。

第三节　幼儿园规章制度

3.2 园长怎样成为合格的幼儿园管理者

规章制度是组织的基本活动准则,是组织为了共同的目的,要求其组织成员共同遵守的规则和法规。任何一个组织和团体、单位和部门,如果要完成组织的任务，就一定要有有效的规章制度作为保障，它具有一定的约束力和强制性。

一、幼儿园规章制度的含义

幼儿园规章制度是指为了实现幼儿园目标，根据国家的法律法规以及幼儿园的实际工作环境，对幼儿园各项工作和各类人员的要求加以条理化、系统化，规定教职工必须遵守的行为准则和工作规程。

幼儿园规章制度是幼儿园的“法”，是幼儿园全体教职工共同遵守的办事规程或行为准则。它表明幼儿园这个组织提倡什么、禁止什么，应该怎样、不应该怎样，指明了全园教职工的行动方向。科学的规章制度使幼儿园各部门、各层次、各方面人员对应该做什么、不应该做什么、怎样做事等有章可循、有法可依，对教职工的认识和行为起到调节、控制作用，减少工作失误和人事冲突，从而规范教职工的行为并形成正常的工作秩序。

因此，幼儿园规章制度对指引幼儿园各项工作的开展，保证幼儿园正常工作秩序，提高工作效率和工作质量，合理评价各项工作的优劣，减少工作失误和人事冲突，提高管理成效，增强教职工的责任意识，建立良好的园风起到重要的作用。

二、幼儿园规章制度的分类

幼儿园的规章制度主要有两大类：一类是国家和教育行政部门以及地方或主管部门颁布的法规、法令；另一类是幼儿园自己制定的规章制度。

（一）国家和教育行政部门颁布的法规和法令

由于缺乏上位层次的学前教育法，幼儿园依法办园所依据的法律法规一般分散于综合性教育法律、其他专门性教育法律、国务院行政法规、教育部门规章或者地方学前教育立法之中。

国家和教育行政部门制定的法规和规章制度主要有《中华人民共和国教育法》《中华人民共和国教师法》《中华人民共和国未成年人保护法》《幼儿园教育指导纲要（试行）》《幼儿园工作规程》《幼儿园管理条例》等，省市制定的法规和规章制度有《幼儿园教育质量综合评价试行意见》《托儿所、幼儿园分级分类验收标准及细则》等。

（二）幼儿园自己制定的规章制度

1. 全园性规章制度

全园性规章制度主要有教职工考勤制度、交接班制度、值班制度、学习制度、办公制度、幼儿园教职工职业行为规范、收托儿童制度、接送幼儿制度、安全制度、家长联系制度、考核评价制度、奖惩制度等。

2. 部门性规章制度

部门性规章制度主要有行政会议制度、卫生保健制度、保教制度和总务制度。

（1）行政会议制度：如园务会制度、全园会制度、班务会制度、教代会制度、伙委会制度、家委会制度等。

（2）卫生保健制度：如生活作息制度、健康检查制度、体格锻炼制度、卫生防病制度、伙食营养卫生制度。

（3）保教制度：如计划与记录制度、备课制度、教研活动制度、常规工作检查制度、保教质量全面检查制度。

（4）总务制度：如财务财产管理制度、伙食管理制度、采购验收制度、门卫制度、庭院管理制度、档案资料管理制度等。

3. 岗位责任制

岗位责任制主要有园长职责、副园长职责、保教主任职责、教师职责、保育员职责、保健医职责、炊事员职责、财会人员职责、事务人员职责、门卫职责。

4. 考核与奖惩制度

考核与奖惩制度主要有考核评价制度和奖惩制度。

三、幼儿园规章制度的制定与执行

（一）幼儿园规章制度的制定

1. 制定的基本过程

首先，确定将要制定的规章制度的目的、范围，明确为什么要制定规章制度，它将约束什么行为。其次，在全园做动员，开展讨论与交流，使教职工深入了解制定的目的，认识其意义与作用。在此基础上由园务会形成规章制度的基本框架。最后，将基本框架返回教职工中，再次征求意见，进一步修改，提出规章制度初稿，进行试用。

2. 制定的基本要求

幼儿园规章制度的制定要符合本园的实际，符合教育和管理的规律，符合幼儿教育工作的特点，做到科学、可行；幼儿园规章制度的制定不能违背国家有关法规和政策的规定，要有坚实的政策依据；幼儿园规章制度的制定要坚持民主性和严肃性，要充分发挥广大教职工的参与作用，体现民主性和可操作性。让全体教职工参与制度形成的全过程，使之成为大家意志的集中体现，只有这样，才能在执行过程中赢得教职工的理解、认同和支持。

（二）幼儿园规章制度的执行

1. 要让制度深入人心

制度只有执行才能发挥其作用，如果只停留在纸上就失去了价值。幼儿园可以通过多种形式的宣传和讲解让园里的教职工了解规章制度，如采用会议宣讲、案例讨论、谈心交流、组织竞赛等，使全园教职工理解和掌握各项工作的内容要求，从而遵照执行。

2. 管理者做好表率

幼儿园管理者应该深入理解和掌握规章制度的内容要求，在工作中以身作则，给全园教职工做出表率，坚持执行制度的一贯性和一致性，本着公正、公平、公心的原则，避免因人而异。既要严格要求，也要刚柔并济，将制度化管理与人文化关怀相融合。

3. 严格检查和监督

幼儿园管理者在执行规章制度的过程中要加强检查和监督工作，不能让幼儿园的任何人凌驾于制度之上，要遵循标准、依照内容要求，严格检查。建立监督机制，进行定期、不定期的督促检查，做到有章可循、一视同仁，保证规章制度的约束力和强制性。

4. 建立健全执行机制

运转有序、科学合理的管理机制是确保幼儿园制度落到实处的重要保障，关键是要健全责任机制和激励机制，以激发教职工的工作潜能，唤起他们的工作热情。制度是死的，人是活的，在制度执行过程中，要合理、灵活运用，管理者要提高自身的管理素质，对制度建立起正确的认知，破除误区。

3.3 对制度要建立起正确的认知

延伸阅读

某幼儿园全园性规章制度

1. 幼儿园考勤制度

(1) 全体教职工必须严格遵守作息制度，不迟到、不早退，不无故请假。

(2) 教职工请假需园长批准，未经批准而离开岗位者按旷工处理。

(3) 因事需临时调班，必须经保教主任批准。

(4) 凡幼儿园规定的学习时间及集体活动时间，晚到者按迟到处理，未请假不到者按旷工处理。

(5) 当班或值班时间一律不接待亲友，不接私事电话，不能因私事离开孩子。

(6) 病假、事假休假期满后，必须销假。无特殊情况，不请假者按旷工处理。

(7) 每月公布一次考勤，并将考勤列入奖惩、评比条例中。

2. 幼儿园交接班制度

(1) 各班教师、保育员必须认真做好交接班工作，填写交接记录。

(2) 当班老师应认真完成当班各项任务，并对幼儿的健康、学习等情况做好记录，妥善处理发生的问题。

(3) 早班和晚班老师要互相沟通，配合一致，及时交换情况，研究解决教育问题的办法。

(4) 交班老师认真填写交班记录，接班老师认真检查每一个幼儿的身体状况，幼儿人数与交班记录相符，方可签上自己的名字，谁签名谁负责。如接班人未签名，发生事故由交班人负责，交班人应要求接班人在检查幼儿身体状况后签名方可离岗。

(5) 无论何种情况，交接班程序不能简化，交接班记录不能漏写或补写。

(6) 交接班记录本、服药记录本每学期末上交存档，平时随时抽查。

3. 幼儿园值班制度

(1) 值班人员必须准时交接班，不得无故缺岗、迟到或早退。

(2) 值班时要坚守岗位、按时巡视，发现问题及时向有关部门报告，填写好值班记录。

(3) 对个别离园较晚的幼儿，要保证幼儿情绪稳定和人身安全，并做好联系家长的工作。

(4) 值班期间要做好来电、来信和来访人员的接待及记录工作。

(5) 值班时由于特殊情况需要调班，必须由主管领导同意。

4. 收托儿童制度

(1) 凡合乎入托条件的幼儿，必须持儿童保健所健康检查证，经批准后方可入托。

(2) 幼儿入托前准备好生活用品。

(3) 家长每月按时交托费与幼儿伙食费，托费标准按市统一规定，伙食费实报实销。

(4) 家长每日要按照幼儿园规定时间接送幼儿。未经保教人员同意，不得进入活动室、寝室。

(5) 幼儿离开园所一个月以上或患病痊愈后再入园，须持区儿童保健所健康证。

5. 家长联系制度

(1) 建立家长委员会，定期召开会议（每学期两次），向家长委员会汇报幼儿园工作计划和工作情况，听取意见，改进工作。

(2) 各班设立“家长联系本”（或联系卡），及时与家长交换意见，共同教育好幼儿。

(3) 园内和各班设立“家长园地”，宣传科学育儿的知识。

(4) 各班定期向家长开放半日（每学期1～2次），让家长了解幼儿生活、学习情况，虚心听取家长意见，改进本班工作。

(5) 园长定期在幼儿园门口接送幼儿来园和离园，及时听取家长意见和要求。

(6) 保教人员定期有计划、有目的地进行家访，了解幼儿在家生活和行为习惯情况，并征求家长意见。

(7) 园内设立征求家长意见的“意见箱”，随时听取家长要求和建议。

(8) 开通网络平台，设立家长园地，开展网上交流活动。

某幼儿园部门性规章制度

1. 教职工代表大会制度

(1) 教职工代表大会是幼儿园实行民主管理的基本形式和基本制度，是教职工参与幼儿园民主管理、进行民主监督的基本组织形式。

(2) 教职工代表大会接受幼儿园党支部的领导，支持幼儿园行使职权，维护行政指挥系统的权威；园长尊重教职工代表大会行使民主监督的权力，定期向教职工代表大会报告工作，接受教职工代表大会的检查和监督。

(3) 教职工代表大会每三年为一届，一般每年召开一次会议。经幼儿园党组织、园长、幼儿园工会委员会或三分之一以上教职工代表提议，可召开临时会议。

(4) 教职工代表大会进行选举和作出决议，必须由全体代表过半数通过方可有效，教职工代表大会在其职权范围内决定的事项，非经教职工代表大会同意不得修改。

(5) 教职工代表大会行使下列职权：团结教职工认真学习和贯彻执行党的路线、方针、政策，坚持社会主义办学方向，努力完成教育教学、后勤服务和其他工作；听取园长的工作报告，审议幼儿园重大工作、发展规划、改革措施和规章制度，提出意见和建议，讨论通过教职工生活福利方案；积极支持园长履行职责，及时收集、反馈教职工对幼儿园工作的意见，对幼儿园工作实行民主监督；根据上级党组织的部署，评议、监督幼儿园行政领导干部；维护教职工合法权益，关心教职工生活。

2. 卫生保健制度

(1) 培养幼儿良好的卫生习惯，组织幼儿用肥皂、流动水洗手，吃饭慢的幼儿先洗，教育幼儿不掉饭菜。

(2) 饭前不做剧烈活动，两餐之间的间隔不能少于 3 小时，除特殊情况外，不得提前或推迟开饭。

(3) 培养幼儿独立进餐的能力，幼儿进餐时间不得少于 20 分钟，不催饭。

(4) 培养幼儿不挑食的好习惯，掌握幼儿进食量，使幼儿吃完应吃的一份食物，对食欲不好的幼儿要分析原因，给予照顾。

(5) 幼儿进餐过程中不扫地、不擦地，保证环境卫生。

(6) 培养幼儿餐后送餐具、漱口、擦嘴、摆椅子的好习惯。

(7) 严格按幼儿园规定的幼儿午睡时间，安排幼儿上床、起床。睡前保持情绪稳定，提醒幼儿小便。

(8) 体弱儿床位根据季节安排在保暖和通风处，幼儿要比正常儿童先睡后起床。

(9) 保证幼儿每天有 2 小时户外活动时间，其中 1 小时为体育活动。

(10) 保证幼儿有充分的游戏活动时间，保教人员参与到游戏中与幼儿一起活动，充当角色并给以指导。在活动中注意(根据气温对体弱儿)增减衣服，掌握活动量。

3. 教研活动制度(保教部门的制度)

(1) 教研组活动要以《规程》《纲要》为准绳，树立正确的教育观、儿童观、教师观，把握正确的教研方向。

(2) 保证每周一次教研活动，每次活动有计划、记录和反馈。教研组每学期做好计划、总结。

(3) 教研组活动有专题研究、专题总结，力求结合各年龄段保教要求进行研究，并取得较好成效。

(4) 教研组要指导年轻教师工作，使年轻教师在职业思想和业务素质上尽快提高。

(5) 教研组要经常分析本年段保教工作的现状，不断探索教育改革的新思路，积极开展教育观察、评析活动。

(6) 教研活动内容应提前告知组员，使组员能事先做好准备。

(7) 教研活动时间，组员不得无故缺席，如有特殊情况，须事先向组长请假。

(8) 做好每次教研活动的资料积累和归档工作。

4. 采购验收制度(总务部门的制度)

(1) 采购人员按《食品卫生法》要求，购买所需食品，应相应固定食品采购场所，以保证质量。

(2) 采购时应主动向对方索要此批产品检验报告或化验样品及产品检验合格证。

(3) 禁止采购腐烂变质、超期、标识不合格等不符合国家标准的原料和食品。

(4) 禁止采购未经卫生检疫或检疫不合格的肉类及其制品。

(5) 采购人员在购物时,应对食品进行必要的感官检查,不能外购熟食制品。

(6) 运输包装容器应符合卫生要求,不能与有毒物、污物混运,以防污染食品。

(7) 保管验收员做好食品的验收登记,对不符合食品卫生要求的各种食物拒收入库。

某幼儿园的岗位职责(选载)

1. 幼儿园园长岗位职责

(1) 园长接受董事会的聘任,是董事会领导下的园长负责制,负责幼儿园的全面管理,主持全园工作。

(2) 认真学习党的教育方针和国家的有关法律、法规,全面贯彻《幼儿园管理条例》和《幼儿园工作规程》。

(3) 热爱幼儿教育事业,爱护幼儿,努力学习专业知识和技能,不断提高文化和专业水平,品德良好,为人师生,忠于职责。

(4) 主持制订全园工作计划和各项规章制度,确立分级管理目标,建立结构合理、协调灵活、反馈及时的科学管理机制。定期召开园务会,深入第一线检查各项工作实施情况。

(5) 负责全园教职工的聘任,调整园内工作人员结构,定期对保教工作人员进行考核并做出评估。

(6) 全面了解教育、教研、卫生保健及膳食管理情况,并根据实际情况及时调整,尽量减少工作中的失误。充分发挥党组织、工会及教代会的作用,发扬民主,尊重人格,加强"爱心、和谐、团结、向上"的园风建设。

(7) 全面掌握教职工的思想动态,开展经常性的政治和业务学习,提高修养。关心教职工的生活,改善生存环境,维护合法权益,增强向心力,提高凝聚力。

(8) 组织和指导家长工作,加强与社会、家长的联系,定期召开家长会,展示教育成果,宣传家教方法,听取家长意见,提高办园质量,争取社会各方面对幼儿园的支持和配合。

(9) 及时了解国内外幼儿教育动态,研究幼儿教育新成果,关注幼儿教育发展的新动向。

(10) 坚持勤俭办园的方针,管理好幼儿园经费、财产和园舍设备,美化、绿化园舍,不断改善办园条件。

2. 幼儿园业务园长岗位职责

(1) 组织教师贯彻落实《幼儿园工作规程》《幼儿园管理条例》及全园教学工作计划,结合本园特点,制订教育教学工作计划,合理安排幼儿一日生活并组织实施。

(2) 负责幼儿园保教工作。熟悉幼儿各年龄阶段生理和心理特点,熟悉幼儿园各年龄段教学内容及要求,定期检查教师月计划、周计划、备课本、教育笔记及个案记录,定期检查教学效果,并做好记录。

(3) 经常检查教师职责的落实情况,指导和审查各班学期工作计划,深入班级听课,检查指导教学，提高教育教学质量。

(4) 协助园长实施各项规章制度，建立正常的工作秩序，定期对教职工的工作进行检查、指导、考核和评估。

(5) 负责组织教师业务学习，提高教师业务能力。组织保教人员外出参观学习，指导教师进行幼教改革与科研工作，组织教学观察、总结交流经验、业务考核等各项评比工作，不断提高教师教育教学技能。

(6) 组织幼儿园内的各项活动，如组织全园性的运动会、联欢会、家长开放日、社会实践等活动；协助园长和老师召开幼儿家长会，做好家长调查、社会宣传，积极与社区联系等工作。

(7) 指导教师完成保育任务。协助后勤园长指导教师认真做好卫生、保健、消毒工作及幼儿一日生活常规。

(8) 做好新生入园和大班毕业离园工作、幼小衔接工作，做好对外的参观学习活动的接待工作。

(9) 协助园长搞好教职工队伍建设，做好教职工政治思想工作，关心群众生活，倾听群众意见，支持群众开展各种有益的文体活动。

(10) 及时向园长汇报工作并提出建议。园长外出时行使园长职责。

3. 幼儿园班主任岗位职责

(1) 严格遵守幼儿园《教师行为规范》和各项规章制度。

(2) 全面负责本班教育和保育工作，根据《幼儿园工作规程》提出的要求，结合本班实际，制订教育工作计划并认真执行。

(3) 对幼儿态度要和蔼可亲，做到耐心、关心、细心、热心，与本班教师团结协作，搞好所在班级教育、卫生、保健及生活护理等工作。

(4) 认真执行幼儿的作息制度，认真安排好幼儿一日生活内容，做到动静交替、手脑并用，确保幼儿身心健康成长。

(5) 主持召开每周班务会议，共同确定下周工作重点，与本班老师和保育员共同做好班内的工作。

(6) 坚持正面教育原则，尊重幼儿，积极启发诱导，严禁体罚和变相体罚。

(7) 努力钻研业务，积极参加教研活动及业务学习。积极创编教材，制作教具，不断提高自身素质及水平。

(8) 坚持做好交接班工作，一般情况口头交接，重大情况要做书面交接。家长特殊要求、患儿药品、物品要登记交接。

(9) 做好家长工作，向家长宣传正确的教养方法，每周向家长公布本周及下周的教育内容，以便家长心中有数，积极配合。

(10) 认真填写“家园互动手册”，经常与家长保持联系，及时交换意见。

(11) 认真做好教研活动记录和每周教育小结，每学期写出质量较高的教育工作总结。

4. 幼儿教师岗位职责

(1) 贯彻执行《幼儿园工作规程》和《幼儿园管理条例》，负责本班幼儿的全面教育、教养工作，使幼儿在体、智、德、美方面得到健康发展。

(2) 认真执行生活日程,严格按照一日常规要求培养幼儿良好的文明生活习惯和独立生活能力,保证幼儿有足够的户外活动时间,做到动静交替,使幼儿保持良好的情绪。

(3) 根据幼儿园保教工作的总体要求,制订教育工作计划,并结合本园、本班的实际情况,做好教材教具的准备,认真备课,保证计划落实。

(4) 做好教育教学。采取直观和游戏的形式,让幼儿多看、多听、多想、多说、多做,调动幼儿的积极性、主动性、创造性,注意个别幼儿的差异,不断提高教学和游戏的质量。

(5) 加强幼儿的素质教育,经常组织开展劳动、课外观察、游戏、娱乐、保育锻炼等活动,不断增强其自理能力。

(6) 做好晨检、点名、交接班工作。

(7) 做好幼儿的卫生保健和生活护理工作,培养幼儿良好的进餐、吃药习惯。根据天气变化,及时为幼儿增减衣物、被褥,午睡时多巡视,注意纠正幼儿的不良睡姿,提醒幼儿睡前及时解尿并给幼儿擦汗和盖被。

(8) 认真钻研业务。按照《纲要》要求,结合幼儿的实际情况,编制教材、制作教具,充实教学内容,培养幼儿的创造性和良好的学习兴趣,寓教于乐。

(9) 加强与家长的联系工作,及时沟通幼儿情况,争取家长对幼儿园班级工作的理解和支持。

(10) 按季节和幼儿的特点布置教室,积极做好室内外卫生,保持教室整洁。

(11) 做好幼儿的安全工作,加强幼儿自我保护意识教育,防止意外事故。

(12) 热爱本职工作,按时上下班,不迟到、不早退,有事提前请假;班中不脱岗,集中精力做好幼教工作。

5. 幼儿园保育员岗位职责

(1) 热爱幼儿,做到关心、耐心、细心、热心,配合班主任和教师,全面、细致地照顾幼儿每日生活,做好保健、教育工作。

(2) 熟悉本班教育计划,做好活动前后的准备和整理工作。协助教师组织各项活动和游戏、做好环境布置,教师因公外出时负责本班的带班工作。

(3) 严格执行安全、卫生等制度,做好幼儿的生活管理和卫生保健工作。根据天气变化,及时为幼儿增减衣物、被褥,午睡时多巡视,注意纠正幼儿的不良睡姿,提醒幼儿睡前及时解尿并给幼儿擦汗和盖被。指导幼儿洗脸,帮助幼儿剪指甲。每天及时统计幼儿人数。

(4) 随时观察幼儿情绪、食欲、睡眠及大小便情况并做好记录,发现病情及时报告保健医并通知家长。班上发现传染病,要及时对玩具、被褥、用具进行消毒,对体弱幼儿要做特殊照顾。

(5) 认真妥善保管班上幼儿衣物及本班设备、用品。负责领取和保管本班所需物品。每天幼儿起床后整理、清洁好睡房,下午整理好幼儿离园的衣服和背包。

(6) 保持班内环境和设备的清洁、整齐,做好餐前、餐后的准备和收拾,负责指导幼儿值日生工作。下午班保育员下班前关好门窗、关闭电源和水龙头。

(7) 定期换洗被褥、枕套、桌布、窗帘等。

(8) 认真做好卫生包干区的卫生工作和保洁工作,每天下班前必须清倒垃圾,做到垃圾不过夜。

(9) 认真执行卫生消毒制度,填好消毒记录。

6. 幼儿园保健医岗位职责

(1) 负责全园幼儿及职工的保健卫生工作,贯彻“预防为主、治疗为辅”的方针。每学期制订保健、卫生工作计划,了解新入园幼儿的“三防”接种及体检情况,定期做好驱虫、矫正和治疗眼病、防治龋齿等工作。

(2) 全面了解幼儿生长发育情况,期末向家长汇报。

(3) 负责每天晨检,做到一看、二摸、三问、四检查,并监督指导教师做好午检和晚检工作。

(4) 对患病幼儿及时做好妥善处理,指导体弱幼儿的护理工作。如发现传染病,应指导各班做好消毒工作并及时报告防疫部门,采取有效措施防止蔓延。每月公布一次幼儿发病率,找出发病率升降原因,及时总结经验教训,提出改进措施。

(5) 指导厨房人员做好饮食卫生、检查饮食用具消毒工作,指导各班做好防暑降温和防寒保暖工作,定时检查各班体育锻炼及户外活动情况,了解幼儿的进步和睡眠情况,发现问题及时提出改进意见和建议。

(6) 负责保管医务室一切物品、用具、药物,做好卫生知识宣传、环境卫生、饮食卫生和灭蚊蝇工作。

(7) 了解幼儿心理健康情况,对有不良习惯及心理障碍的幼儿,与班上教师配合商讨矫正办法,并定期进行监测。

(8) 认真钻研卫生保健业务,学习规程,提高专业能力和水平。

(9) 定期对保教人员进行有关“幼儿常见病”的知识讲授,定期在“家长园地”专栏中介绍有关育儿知识及保健卫生知识。

7. 幼儿园炊事长岗位职责

(1) 具有良好的职业道德,热爱本职工作,责任心强,在园长的领导下,全面负责食堂的日常工作。

(2) 尊重领导,团结同志,工作上请下达,协助园领导做好食堂工作。

(3) 充分调动班组人员的积极性,协调好个人与班组、班组与幼儿园的关系,使炊事班成为团结协作的集体。

(4) 负责班组成员的具体分工,职责到人,使班组成员分工明确,配合默契,凝聚力强。

(5) 结合幼儿园的园务计划和工作安排,带领班组成员认真贯彻领导分配的各项任务。

(6) 每周两次到各班了解幼儿进餐情况,广泛征求意见,根据工作需要召开炊事班会议,改进工作,不断提高服务水平。

(7) 带领成员做好班组和各项卫生工作。

(8) 做好班组财产物资的登记、保管、清理工作,保证财产不流失。

(9) 每月底和保管员一起负责库房物品的盘点工作。

(10) 带领班组成员认真完成各项报表的填制工作,做到数字准确,报送及时。

8. 幼儿园财务人员岗位职责

(1) 贯彻执行会计法和财务工作方针政策,为教育教学服务。

(2) 做好幼儿园年度预算决算的编制工作。编制好各种统计报表,做到准备充分、资料完整、报送及时。

(3) 核查、督促固定资产及其他财产的登记统计。

(4) 认真做好往来账目,做好现金收支和银行结算工作。

(5) 严格执行现金管理制度,做到日清月结,手续齐备,库存现金不得超过银行规定限额,数目清楚,不得以工作之便牟取私利,不许挪用公款,办事公道,坚持原则。

(6) 认真履行监督职能,发现问题及时处理并向有关领导反映,坚持勤俭办园方针,精打细算,定期向领导汇报财政开支情况,合理安排经费、计划开支。

(7) 每月及时统计幼儿出勤天数及职工出勤天数,计算幼儿伙食费并及时编制工资表。及时收结幼儿各项费用,按时发放工资。

(8) 对家长、同事热情和蔼,不怕麻烦,虚心听取各方面意见,改进工作。

(9) 除做好本职工作外,服从园领导分配的其他工作。

9. 幼儿园保管员岗位职责

(1) 对所保管物品心中有数,账物相符。

(2) 物品合理保管,保持卫生、整洁、不损坏。

(3) 出入库登记清楚,手续完备,避免财产浪费、丢失。

(4) 每学期期末清查账物一次,编制清单向分管领导汇报。

(5) 每月定期检查一次大型玩具、场地设备、房舍家具等情况,发现问题及时维修更换。

10. 幼儿园门卫岗位职责

(1) 遵守幼儿园各项规章制度,坚守岗位,按规定时间开关大门。

(2) 幼儿出入园门要有大人陪伴,防止幼儿独自跑出幼儿园。

(3) 非本园人员不能随意出入幼儿园,陌生人出入要询问,闲杂人员禁止进入,因公来访要详细登记方可入园。

(4) 携带包裹、行李及其他贵重物品,必须由有关负责人开出证明,门卫进行核对后方可带出。

(5) 做好幼儿园院内的环境卫生及绿化工作,保持美观整洁。

(6) 定期检查院内各处设施,发现有脏乱现象或不安全现象,及时采取相关措施。

(7) 夜间值班不得擅离职守、睡觉或聊天,应注意监听。每天夜间按时巡视,确保全园安全。

(8) 认真负责地为孩子及教职工烧开水,在工作时间内保证开水充足、新鲜。定期清理电锅炉中的水垢,冲洗干净。

(9) 认真进行交接班,遇到可疑情况及时报告。

(10) 熟记火警、盗警及单位领导电话,有事立即报告。

11. 幼儿园司机岗位职责

(1) 遵守幼儿园的各项规章制度。

(2) 工作时间不得喝酒、打麻将。

(3) 定期检查车辆,保证行车安全和车上幼儿的安全。

(4) 幼儿下车后及时检查是否有没下车的幼儿,确保车上无人时再关车门。

(5) 热爱幼儿、关心幼儿,协助跟车教师做好接送工作。

(6) 协助、配合园长和教师做好家长工作。

(7) 禁止私自使用幼儿园的园车为个人办事。

案例分析

某幼儿园在进行园本教研时,一名骨干教师与副园长因确定一个公开活动内容产生了分歧。这名教师找到了园长进行陈述,园长听了这名老师的想法之后觉得有道理,比副园长考虑得周全一些,所以园长当即表示支持,并关切地询问有什么困难需要帮助,最后这名老师心平气和地离开了。

分析:一名是骨干教师、一名是园长的得力助手副园长,园长的做法是不妥的。他在管理中违背了组织设计的统一指挥、统一意志这一领导关系的初衷,没有和副园长沟通就同意了这名老师的做法,可能会导致以下后果。其一,影响副园长在教师中的威信,不利于工作的开展;其二,园长的做法容易被副园长误解,导致副园长的工作积极性受挫,影响今后的工作;其三,园长的态度会在教师中形成消极暗示,教师若与某个领导意见不一致,直接找园长就可以解决,这既加大了园长的工作压力,又对园长与其他领导间的关系造成威胁。

问题:如果你是园长,你会怎样做?

案例讨论 1

某私立幼儿园的王老师,在日常工作中无视劳动纪律,经常有无故迟到、早退、串班聊天等违章情况发生。在进行年终奖金发放时,园长根据本园的奖惩制度,在王老师的年终奖金中扣除了 200 元作为处罚,并向王老师进行了说明。但是王老师认为,幼儿园的工作量大,偶尔出现这种情况没什么,也没有发生什么意外情况,要求园长退还扣发的奖金。园长认为,既然制定了规章制度,就应该认真执行,便拒绝了王老师的要求。王老师对此心生愤恨,认为园长对自己有偏见,于是和家人一起到园里吵闹,进行人身攻击,并通过他人找到幼儿园的举办者(董事长),歪曲事实。董事长在没有调查清楚事实的情况下,轻率表态,认为该行为批评一下就可以了,于是让园长把扣发的奖金还给王老师。这使园长处于被动地位和两难境地。园长经过再三考虑,决定向董事长说明情况,并要求董事长认真调查此事,与此同时,向幼儿园董事会提出了辞职申请。

问题:

1. 园长的做法正确与否?为什么?给我们的启示是什么?
2. 如果你是园长,你将如何处理与董事长的关系并履行园长的职责?

(提示:我国幼儿园中有相当一部分为公办幼儿园,实行园长负责制的管理体制,但随着经济体制的转型,幼儿园还出现了董事会制、独立法人制等新的管理体制。近年来我国民办幼儿园的发展迅速,有一部分也实行董事会管理制度或法人制的管理制度。本案例中的幼儿园实行的是董事会管理制度。)

案例讨论 2

某幼儿园三名青年教师同时入职,同住一间集体宿舍,业余时间关系密切,引起幼儿园一些人的议论。一次,幼儿园定于晚上召开全园职工大会,三名青年教师为看一场难得的音乐会,分别请假。这件事使园领导产生了不同意见。一种认为:园所要形成良好的教师集体,就要制止这种小团体的发展,严肃处理这次音乐会事件。另一种认为:他们的交往不算反常,不能扣"小团体"的帽子,党支部应通过适当方式对她们进行帮助教育。

问题:请分析哪种看法比较合理?为什么?

案例讨论 3

某县"启明幼儿园"这几年发展得很快,班级幼儿人数均已超标,但是对于相关岗位(如教师、保育员、后勤人员)的配备却严重不足,骨干教师的队伍没有形成。管教学的副园长就成了最忙碌的人,她今天忙着给教师开教学会议,明天又要忙着到班上去顶替因事请假的教师,另外还要管理幼儿园内的矛盾问题,或去教育主管部门开会。多重身份令副园长身心疲惫,教师们也颇有意见,因为有事去找她的时候总是找不到人。时间久了,就有人说风凉话了:"哼!好像就她最能干似的。"这样下来副园长忙碌一学期的结果是,教学没有抓到位,教师不认真对待交代给他们的任务,因为相应的检查评价没有人来做,自己又没有得到教师的认可。

问题:

1. 启明幼儿园出现多重身份的副园长,这种管理做法可行吗?
2. 分析这种管理会给幼儿园的工作造成什么样的影响?为什么?
3. 你认为该幼儿园应该如何去做?

(提示:考虑幼儿园的机构设置和人员安排。)

思考与练习

1. 幼儿园各管理层级的主要任务是什么?
2. 谈谈你对幼儿园园长负责制的理解。
3. 园长怎样成为一名合格的幼儿园管理者?
4. 说说你对幼儿园规章制度的认识。

实践与训练

项目：制订幼儿园规章制度。

内容：制订和完善幼儿园与幼儿家长的联系制度。

要求：

(1) 学生以小组为单位，分别考察一所熟悉的幼儿园。

(2) 通过访谈和调查了解幼儿园规章制度的制定与执行情况。

(3) 制定和完善该幼儿园与幼儿家长的联系制度，说明理由和依据。

第四单元
幼儿园资源管理与队伍建设

学习目标

1. 了解人力资源管理的过程，理解幼儿园人力资源管理的含义。

2. 了解幼儿园财产管理、物品管理的内容。

3. 掌握幼儿园人力资源管理、领导班子建设、教师队伍建设策略。

4. 掌握幼儿园财产管理的策略。

5. 能对幼儿园人才资源管理、财物管理案例进行分析评价。

课程导入

某幼儿园王老师热爱幼教工作，为人正直，精通业务，活泼开朗，深得小朋友和家长的喜爱和信任。她也敢于向领导转达群众意见，积极为幼儿园工作献计献策，深得教职工喜爱，年年被评为园优秀教师。但是，她最近无精打采，沉默不语，不接受领导的工作安排，也不参加幼儿园组织的任何活动。这是为什么呢？原来在一次职工代表大会上，有些代表不同意园长的方案，当王老师正要说出自己的意见时，却被园长制止了，怕她的话有导向作用。王老师认为园长霸道、专横、工作没有人情味，不讲民主，于是开始对抗园长的指令。

在幼儿园管理的诸多要素中，人是具有主观能动性的。管理者们已经认识到了最活跃的因素是“人”，那么如何调动“人”的因素，最大限度地发挥其潜能，是实现管理目标的关键。只有人尽其才，才能达到物尽其用。同时，发挥团队的集体力量是有效完成各项管理任务的保障。

第一节 幼儿园人力资源管理

一、幼儿园人力资源管理的含义

21 世纪初，人们所理解的人力资源的含义是由管理大师彼得·德鲁克于 1954 年在《管理实践》中首先提出并加以明确界定的。他认为人力资源拥有当前其他资源所没有的素质，即“协调能力、融合能力、判断力和想象力”；它是一种特殊的资源，必须经过有效的激励机制才能开发利用，并给企业带来可见的经济价值。

对于“人力资源”的概念，经济学家从不同的角度给出了不同的概念，其中有代表性的观点认为：人力资源是指在一定范围内具有为组织创造物质财富和精神财富的、能够推动整个经济和社会发展的、具有智力劳动和体力劳动的人的总和。

人力资源管理是指企业根据一系列人力资源政策对人力资源的获取、开发、保持和利用等方面所进行的计划、组织、指挥、控制和协调等一系列活动，最终达到实现企业发展目标的一种管理行为。

人力资源管理不同于人事管理，有其不同的管理理念和管理特点。传统的人事管理，只是单一地对员工进行调入组织或者是调出组织的判断，至于进入组织的成员是否真正适合组织的需要，如何提高他们的工作能力与发展潜能，是难以面对和有效实践的。而人力资源管理则是从人员进入组织开始，到他们为组织工作的全过程，都渗透了一种“以人发展为本”的管理理念，不是简单地把理想的人招进来，把不理想的人调出去，而是追求组织与员工发展的一致性。

幼儿园人力资源管理是指根据幼儿园发展战略的要求，有计划地对人力资源进行合理配置，通过对幼儿园教职工的招聘、培训、使用、考核、激励、调整等一系列过程，调动教职工的积极性，发挥教职工的潜能，创造最优绩效，实现幼儿园发展目标的一种管理行为。

幼儿园人力资源管理的主要职责是把合适的人配置到适当的工作岗位上，控制劳动力成本；培训教职工适应工作环境和工作岗位，开发每名教职工的工作技能，提高工作绩效；保护教职工的健康，建立和谐的工作关系，调动教职工的工作积极性。

二、幼儿园人力资源管理的过程

人力资源管理由制定人力资源的规划、人力资源管理的实施、人力资源管理的总结评价三个过程组成。

（一）制定人力资源的规划

幼儿园管理者应根据幼儿园中长期发展规划，对幼儿园的人力资源现状及发展趋势进行评估，对人力资源成本与产出效益进行核算；分析幼儿园各工作岗位的性质、结构、责任，以及胜任该岗位人员的素质、知识、技能等；收集和预测社会和区域内人才资源供给的现状和未来趋势。在调查分析获取相关信息的基础上，制定幼儿园人力资源规划，使人力资源管理既具有前瞻性，又与幼儿园的日常管理紧密结合。

（二）人力资源管理的实施

1. 招聘与选拔

幼儿园招聘教职工应本着公平、公开、公正的原则，根据幼儿园内的岗位需要及工作职责进行招聘。通过笔试、面试、试讲、活动组织、情景模拟等流程择优选拔录用。

2. 签订劳动合同

通过招聘考核，被幼儿园录用的教职工与幼儿园形成了一种雇佣和被雇佣、相互依存的劳资关系，为了保护双方的合法权益，双方必须就工资、福利、工作量、工作条件和环境等事宜达成一定协议，签订劳动合同。

3. 职业规划与发展

幼儿园人才资源管理部门要了解每一名教职工的素质状况、能力水平，结合个人的岗位要求，帮助制定个人的发展规划，并开展多种形式的、有针对性的岗位技能培训，使教职工明确发展方向和目标，激发工作的积极性和创造性，建立教职工的归属感，促进其专业发展和个人成长。

4. 建立教职工档案

幼儿园人力资源管理部门要为每一名教职工建立个人工作档案，这不仅是幼儿园管理的需要，也是教职工个人发展的需要。教职工在幼儿园的工作表现、工作成绩、工资报酬、职务升降、奖惩、接受培训和教育等情况的书面记录材料，是对其进行考核、评价、任用的依据。

（三）人力资源管理的总结评价

人力资源管理的总结和评价主要是指对管理工作自身的评价和对全园教职工的工作绩效考核。对幼儿园人力资源管理工作本身的评价侧重于规划的制定和落实情况、各项规章制度的执行情况，及在调动教职工工作积极性方面的突出表现；对教职工工作绩效考核主要是对教职工在一定时间内所做的贡献和工作取得的绩效进行考核和评价，及时做出反馈，以便提高和改善工作绩效，为教职工的培训、晋升、计酬等人事决策提供依据和参考。

三、幼儿园人力资源管理策略

幼儿园人力资源管理是选人、育人、留人、用人的过程，要把好入口关、选好人，要培养任用、留住人，要完善激励机制调动教职工的积极性，发挥人的主观能动性。

（一）合理选人

幼儿园应该结合工作实际，参照《幼儿园教师专业标准（试行）》《幼儿园教师资格考试标准(试行)》,创建一套适合本园自身的用人机制,避免主观性和随意性,只注重外在的形象和技能技巧,而忽视知识结构和发展潜力以及个性品质等,要全面考虑选聘教师的思想道德素质、知识文化素质、教育观念和教育方法,做到任人唯贤、用其所长、人尽其才。

(二)注重培养

4.1 合理选人

幼儿园人力资源管理要重视对教师思想品质的培养,帮助年轻教师树立职业思想、自信心、独立意识,注重心理品质、责任心的培养。应加强对教职工培养的内容、方法和途径的研究,逐步形成培养系统。可以根据教职工的实际情况组织参加由外部教育机构组织的培训,如学历培训、上岗培训、专题培训、专题观摩和专题研讨会等;还可以根据工作需要与员工发展的需要组织园内培训,如工作主题培训、案例分析培训、教育科研培训等,为教职工提供广阔的专业成长平台,创造良好的学习环境。

(三)加强激励

幼儿园人力资源管理部门要了解和把握教职工的心理,建立激励机制,调动全园教职工的工作积极性和创造性。

幼儿园人力资源管理部门要让每个教职工明确幼儿园的奋斗目标,发挥目标的激励作用。幼儿园留不住人,其中一个非常重要的原因就是没有具有吸引力的目标。有的幼儿园虽然有目标,但是十分笼统,教职工很难找到自己的位置,很难将自己与幼儿园挂钩,也就难以起到激励的作用。幼儿园管理者应该了解教职工们心里想些什么、需要什么、工作动机是什么,这样才能有针对性地采取激励措施,从而达到预期激励效果。

幼儿园人力资源管理部门应该制订相应的奖励政策,对认真履行职责的人员给予奖励,对不能认真履行职责的人员给予相应的惩罚。奖惩实施中要把握尺度,注重其民主性、公平性、激励性、鞭策性、有效性和一贯性。任用的干部应该能上能下,如果不合格,就要随时调整,然后将符合条件的人员推举上来,给每位教职工发展的空间,不断满足个人发展的需求。

第二节 幼儿园财产和物品管理

财产和物品是幼儿园的重要资源,是幼儿园建设和发展不可缺少的资源,是办园的物质基础和保障。幼儿园的财产和物品的管理是按照国家财政法规要求,依据幼儿园建设与发展规划,对预算内外资金的筹措、计划、组织、使用、监督、调节等工作的管理。加强幼儿园的财产和物品管理能有效地利用幼儿园现有的物质资源,做到物尽其用,发挥物质资源在幼儿园发展中的作用。

一、幼儿园财产管理

幼儿园财产管理主要是指对钱财、资金的管理。现今我国幼儿园的办园体制分为公办、民办和民办公助,在资金投入上有由国家投入、由举办者独立投入和公私共同投入(通过财、物)三种形式。无论是以何种形式投入的资金都要求幼儿园管理者不仅要懂业务,还要懂经济,要有理财意识,并懂得如何理财,合理使用幼儿园经费,以有限的投入取得最大的效益。

(一)幼儿园财产管理的内容

幼儿园的财产管理工作主要包括资金的筹集、编制经费预算、健全财务制度、加强财务监督四个方面,使幼儿园的资金取之有道,用之有效。

1. 资金的筹集

资金是财产管理的主体,没有资金,财产管理也就不存在了。对于幼儿园管理者来说,筹措资金是一项十分艰难的任务。现在我国公立幼儿园经费来源主要有:国家和主管单位的拨款;向幼儿家长收取的幼儿入园学习、生活所需要的费用,包括保育费、伙食费、杂费及管理费等;社会力量或个人对幼儿园的资助;幼儿园自己创收的部分经费。而私立幼儿园缺乏国家经费资助,主要由主办者个人筹措经费,主要经费来源于向家长收取的幼儿保育费和管理费,也包括社会团体和个人的捐赠等。

我国幼儿园无论是公立,还是私立,它们经费的来源均是多元化的,这在一定程度上给予了幼儿园的办学自主权,同时也改善了幼儿园的办学条件,但要避免乱收费,一定要符合国家政策的要求,按照各地教育行政部门和物价部门所核定的收费标准收费。

2. 编制经费预算

预算既是财务收支的计划,也是幼儿园工作计划的一部分,是管理和决策的依据,幼儿园应按年度编制好经费的预算。

幼儿园经费预算表现为预算收入和预算支出两部分。预算收入反映的是幼儿园的生存状况,可以按多渠道收费来源进行估算;预算支出是对需要开支的费用进行分析,确定各项目使用经费的量及支出的最好比例,发挥经费投入的最大效益。编制预算时可以参照上一阶段的决算情况而及时进行调整,要考虑本学年幼儿园的发展及实际需要,要以保教工作需要为重点,分清主次,全面安排,不可以牺牲保教质量为代价出现预算的倾斜。此外,预算时要留有一点余地,以便应对突发事件的需要。

3. 健全财务制度

要使财务管理有章可循、有据可依、杜绝漏洞、合理支出,必须建立和健全财务制度,如各项经费入账制度、报销制度、财务和出纳制度、财产分类制度等。财务制度既要严格、又要合理,既要相对稳定、又要根据实际情况进行必要的调整和修改。

4. 加强财务监督

幼儿园的资金来之不易,必须加强财产审计和财务检查,严格管理,避免盲目花钱,杜绝损公肥私、贪占挪用公款等违法乱纪行为。

(二)幼儿园财产管理的策略

幼儿园财产管理的基本原则是:认真贯彻执行国家有关法律、法规和规章制度,坚持勤俭办园。

1. 多渠道筹集资金

目前我国学前教育未纳入义务教育阶段，因此幼儿园教育办学经费难以满足需要。这就要求在国家加大投入的同时，还要依据国家的政策法规，积极拓宽筹措资金的渠道，广泛利用社会行为、市场行为，建立教育投入的新体制，充分发挥幼儿教育多元化筹资的功能，把分散于社会各企业单位和个人手中可用于幼儿教育经费的资金，通过立法形式或其他章程、办法筹集起来，形成幼儿教育经费，补充政府对幼儿教育经费投入的不足。另外，通过提高幼儿园的教育质量来吸纳资金是筹措资金最主要的有效渠道。

2. 合理配置使用资金

提高资金使用效率，是财务管理的根本任务之一。幼儿园的各项工作对资金的需求不平衡，经费支出项目繁多，主要包括园舍建设、大型设备设施、玩具、教具等购置；职工工资、奖金、福利费，业务培训费；办公费、水电煤气费、维修费、设备费、资料费等。因此，幼儿园管理者要加强对资金使用的计划管理，把好预算关，合理配置和使用资金，做到少花钱多办事、办好事，本着分清主次、保证重点、兼顾一般的原则，将有限的资金合理分配，以确保幼儿园能稳步、快速、全面地发展。

3. 加强财产管理的领导与监控

幼儿园要健全财务制度，严格遵守财务制度、严肃财经纪律，坚持按规定手续审批各项经费的使用。同时加强对幼儿园财会人员的领导，让他们明确各自的责任和权利，高度重视财务管理工作，不断提高财务人员的业务水平。幼儿园管理者要根据国家的相关政策和法规，以幼儿园预算收支计划的完成情况，资金组织、分配和使用情况，对幼儿园的财产管理情况进行指导、监督和检查，提高财产的使用率，增强财产保护意识。

案例讨论

某幼儿园行政办公会上，王园长组织领导班子成员共同商议部署今年暑期的工作安排。教学园长首先发言："我们已经三年没有组织教师外出学习了，今年暑期能否安排一批教师外出参加专业培训呢？"王园长却摆摆手，拿出一份刚刚设计好的《幼儿园场地改造规划图》说："来，我们先看看这个，眼下最要紧的就是场地改造了。这几年我们可真不容易呀！前年我们更换了计算机，去年又装修了教室，这些都是看得见、摸得着的，我们可不能在硬件上落后别人！教师培训来日方长，可以先放放……"

问题：王园长的想法是否合理？如果你是园长会怎样做？

二、幼儿园物品管理

幼儿园物品管理是指幼儿园对开展教养工作所必需的设备、设施等物质资源的管理。幼儿园的保教工作每天都需要有必备的物质材料，从教育用品到生活用品，其中包括环境、房屋、玩教具及其他物品等。幼儿园的物品管理工作是一项烦琐的工作，需要耐心细致地去执行。

(一) 幼儿园物品管理的内容与要求

1. 对环境的管理

环境是幼儿园的门面,环境管理的质量直接影响着幼儿园的形象。幼儿园的环境应该是清洁、安全、美化、充满童趣的。

室内环境要根据各年龄班幼儿的不同特点进行合理布置,要有幼儿的参与。材料的摆放要适合幼儿动手操作,材料的数量要多、种类要丰富。环境布置要有动感,可以根据需要进行改变和调整,使环境为教育服务。

室外环境要尽量扩大绿地面积,做好绿化工作。让幼儿置身于充满生机的自然环境中。室外环境要有总体规划,大型玩具的摆放要整齐、错落有序。有条件的幼儿园可开辟幼儿种植园、动物饲养角,为幼儿提供观察、饲养的机会。对大型玩具要定期维修,保证幼儿安全,各玩具的摆放要间隔一定的距离,以免离得太近,幼儿玩时过于拥挤,发生危险。

2. 对房屋的管理

房屋要配套,主要包括活动室、寝室、卫生间。房屋的装修要美观、实用、方便。不能盲目地追求豪华,不考虑教育的特点。对房屋要定期维修,以免发生危险。要充分提高房屋的使用率,尽量不造成浪费。床可以采用木床或推拉床,用完之后可以直接摞起来放在一个角落,少占空间;也可以采用垫子床,即每个幼儿一个厚垫子,用完之后摞起来节省空间。

3. 对玩教具的管理

幼儿园各班应配备一定数量和种类的玩具,若有条件可以多配一些,基本能保证班里孩子人手一份。市场上的玩具很多,价钱较贵,幼儿园要量力而行,买不起进口的玩具,可以买国产玩具,甚至也可以收集废旧物品自己制作教具、玩具,只要安全、无污染即可。玩具应摆放整齐,定期检查,定期清洗,经常消毒。注意培养幼儿自己收拾、整理玩具的习惯和能力。教育幼儿爱护玩具,不乱扔乱摔。

幼儿园应有存放教具的地方,并有专人管理。各类教具应根据教学需要按作业、游戏、劳动等分类编号,分柜陈设。作业可按不同主题活动或学科分类,做到件件有固定位置,存放方便,便于取用和复原。分类柜上应贴上编号或教具名称,编号或教具名称要醒目,以便于寻找。

4. 对图书资料的管理

有条件的幼儿园要设图书资料室。图书资料室是用来存放报纸杂志、教学参考书、各类图书,以及各类工作计划和总结的地方。没有条件设图书资料室的幼儿园,可将图书资料室与教师备课室结合使用。图书资料室应有专人负责管理,应保持干净、整齐、安静,定时开放,严格执行借还制度。

5. 对其他物品的管理

幼儿园管理的物品很杂,除玩具、教具外,还有一定数量的食品、生活用品和办公用品。这些物品应有专门的地方存放,并有专人管理,要制定相应的管理制度。严格物品的采购制度、验收制度和供应制度。

（二）幼儿园物品管理的原则

为了使幼儿园物品在幼儿园保教工作中发挥有效作用，在管理过程中要设置保管员岗位，对幼儿园物品实行专人专管，严格执行管理规章制度。在管理过程中还要遵循以下原则。

1. 坚持管理制度化的原则

想要管理好幼儿园的物品，就要针对物品的进、用、出等各个环节制定管理规章制度，如物品登记制度、保管制度、出库制度、物品管理奖罚制度等。建立物品管理人员岗位责任制，根据幼儿园的实际需要，确定专门管理人员或兼职管理人员，做到责任到人。管理人员要及时上报物品的使用及消耗情况，对幼儿园物品管理提出建设性建议。幼儿园管理者要时常对物品的购买、维护、使用进行过问、监督，以减少不必要的消耗。

2. 坚持为教学服务的原则

幼儿园物品管理为保教工作提供物质保障，幼儿园对物品管理的目的在于更好地搞好教学。总务管理人员要根据幼儿园教学要求，有计划地改善教学条件，在教学工作的各个阶段，保证所需要的各种教学设备用品供应，努力创造良好的学习和工作环境，使教师能够心情舒畅、专心致志地完成保教工作任务。物品管理人员要多了解幼儿园的保教工作，掌握保教工作的实际需要，树立一切为教学服务的思想，为保教工作服好务。

3. 坚持勤俭节约的原则

对幼儿园物品的管理要本着勤俭节约的原则，要努力做到少花钱，多办事，办成事。物品管理人员要精打细算，不铺张、不浪费，当好“管家”，要严格执行物品管理制度，对物品进行妥善保管，及时检查、维修，延长其使用期限，并做好合理安排、调剂使用，提高其周转使用率。采购员采购物品时要货比三家，尽量多为幼儿园省钱。同时培养全园教职工的节约意识、爱护公物意识，艰苦奋斗精神、勤俭节约的习惯。

案例讨论

某园邀请社区家长来园参加亲子讲座，来的家长超出了登记人数，会议室的椅子不够坐，后勤张园长临时召集在园的一批实习生去仓库领取了 30 把椅子。按照幼儿园物品管理制度的要求，其中一名实习生丽丽在“领取人”一栏填上了自己的姓名。由于会议室接连几天利用率都很高，因此仓库管理员一个星期后才催促实习生丽丽归还借去的 30 把椅子。然而经清点，还差十几把椅子没有归还，流失到了班级。仓库管理员将此事汇报给张园长，张园长提出两个解决问题的方案：一是追究当事人责任。可是实习生丽丽委屈地说：“当时事出紧急，有好多实习生都参与了借椅子，自己只不过恰巧被仓库管理员拦住签了个名，并不具体负责这件事，更不知道自己要对这 30 把椅子的归还负责”；二是马上追查流失的椅子。然而，由于本学期的班级物品登记工作还未完成，各班原有的椅子数目不清，因此导致流失的椅子无法追查。面对这种情况张园长也无计可施，陷入了管理的困惑。

问题:这桩"椅子悬案"的发生反映出该幼儿园管理中的哪些问题?如果你是张园长,应该怎样做?

(提示:虽然此事有两个偶然因素,一是事出紧急,是临时任务;二是当事人身份特殊,是实习生。但这些并不是造成椅子无法被追回的主要因素。物品由实习生领取是否合适?多人行为一人登记是否责任到人?物品归还的时间是否需要明确?班级物品登记工作是否能滞后?)

第三节　幼儿园队伍建设

幼儿园队伍是由幼儿园领导班子、幼儿园教师和各类工作岗位上的人员组成。领导班子是带领教职工促进幼儿园发展的领导核心,教师是实施保育教育工作的主要力量,其他各类工作岗位的员工起到各项服务与保障作用。

一、幼儿园教师队伍建设

幼儿园教师队伍建设是幼儿园管理中的重要任务,优秀的、稳定的幼儿园教师队伍是幼儿园生存与发展的前提和保障。幼儿园教师是幼儿园保教工作的具体执行者,是幼儿园的主体力量,建设一支品德高尚、爱岗乐业、知识扎实、技能突出、团结向上的幼儿园教师队伍,是教师队伍建设的目标,是实现幼儿园工作目标的基础和关键。

(一)教师队伍的合理结构

想要建立最佳的幼儿园教师队伍结构,就要在年龄、学历、素质、智能、能力、职称、性别等方面的比例、层次上达到合理,构成整体优化的群体系统。

1. 年龄结构

年龄结构应是老、中、青三结合,使每个年龄段都有骨干力量和不同的优势,以便相互学习,取长补短,并将幼儿园的先进经验和优良传统不间断地传递下去,发扬光大,防止出现断层现象。

2. 学历结构

幼儿园在教师队伍建设上除了最低学历要达到国家要求外,还要尽可能追求更多高学历的教师。尤其是经济发达、开放地区的实验幼儿园或示范性幼儿园,园长、骨干教师应具备大专或大专以上学历。医务人员应是卫生学校毕业的医士,200 人以上的寄宿制幼儿园还应有医学院毕业的医师。其他保健员、保育员、会计等应经过系统的专业训练,并取得相关行政部门的资格认可。

3. 素质结构

素质结构除文化素质外,还应在思想意识、政治观点、道德修养、业务水平、个性品格、心理状态及社会行为等方面的素质达到一定标准，符合幼儿园教师专业标准的要求。

4. 智能结构

智能结构是由知识、技能、能力所组成的多要素、多序列、多层次的动态综合体。它包括从事幼儿教育必备的科学文化知识和幼教专业理论知识，较熟练的专业基本技能，较强的表达能力、操作能力、组织能力、综合实践能力，对知识信息的获取、协调、驾驭能力，以及对社会环境的适应能力等。

5. 性别结构

性别结构即男女教职工的合理搭配。女性具有性格温柔、心理细腻、感情丰富、思考周全、对人亲切、待人体贴、工作细心、处事耐心，以及能歌善舞、形象思维活跃等优点，适合担任幼儿教师。男性虽缺乏女性的上述优点，但男性的刚强、豪爽、处事果断、勇敢机智、吃苦耐劳、有毅力、有魄力的优点对幼儿的影响具有积极促进作用。幼儿的成长需要接受男、女两部分人的影响，但我国从幼儿园到小学的师资过于女性化的问题十分突出，令人担忧，应加快对男幼师的培养。

（二）教师队伍的建设策略

决定幼儿园各项工作质量的关键因素在于教职工的整体素质，因此，幼儿园教师队伍建设不但要把好教师的入口关，选用德才兼备的教师，建立合理的队伍结构，还要采取有效策略，促进幼儿园教师队伍整体素质的提高。

1. 提高教师队伍的凝聚力

随着幼儿园幼儿人数的增加，教师队伍的扩大，可能导致教师队伍内部出现小团体，从而降低队伍的凝聚力和工作积极性。幼儿园管理者应加强与教职工的沟通，了解教职工的需求，选择有效的激励方式，积极为她们的发展创造良好的心理环境和工作条件。通过有效沟通，了解教职工的需求，建立良性的互动关系，让所有的教职工不断增进了解，融为一体，统一思想，提高认识，提高队伍的凝聚力，为实现个人和幼儿园的共同发展而努力。

2. 增强教师队伍的合作意识

由于幼儿园保教工作的特殊性，因此要求教职工在教育实践中要相互协作、共为一体，才能更好地完成保教工作任务。幼儿园管理者应加强对教师队伍合作意识的培养，根据教职工的智力、能力、才能、兴趣以及技术特长来安排工作，让每一名教职工都能发挥出自己的能力，并在工作中取长补短。在幼儿园内部积极营造融洽的合作气氛，实行民主管理，制定合理的规章制度及合作规范，采取公平的管理原则，有效推动合作，提高工作效率。

3. 加强教师队伍的培训

加强教师队伍的职后培训是教师队伍建设的重要途径和手段。通过培训能够达到提高教师整体素质，激发进取心，更新知识，适应幼儿教育改革的需要，促进专业成长，提高保教质量的作用。根据幼儿园的实际可以采用教研活动、观摩活动、专题讲座、竞赛活动、以老带新等方式进行培训。幼儿园应完善培训经费保障机制，建立园长与教师定期培训制度,并针对幼儿教师的职业特点,对幼儿教师的培训目标、内容等做出专门、明确的规定,切实保障幼儿教师的培训权利。

4.2 重视引进和留住男幼师

4. 重视引进和留住男幼师

男幼师不仅是幼儿园教育活动的需要,也是幼儿园和谐发展的需要,幼儿园应该采取有效的支持措施引入和留住男幼儿教师。

二、幼儿园领导班子建设

幼儿园领导班子是指幼儿园中按法定程序产生并担任领导职务的人员的集合体,包括正、副园长,党支部书记和保教后勤负责人。合理的幼儿园领导班子有利于群策群力,发挥领导集体的作用,形成优势互补,减少工作的片面性和失误,保证幼儿园各项工作优质高效地运转。一支志同道合、优势互补、担当创新、身先士卒的领导班子是幼儿园科学发展的需要,是实现幼儿园管理目标的保障。

(一)领导班子的合理结构

1. 人员组成结构

幼儿园领导班子的人员组成可参考国家劳动人事部和国家教委颁发的《全日制、寄宿制幼儿园编制标准(试行)》规定进行安排。人数根据幼儿园规模的大小而定,人数太多容易相互扯皮、人浮于事,人数太少又往往导致园长陷于繁杂事务,无暇考虑幼儿园的未来发展问题。但不论幼儿园规模大小,领导班子人员组成应以精干为原则,在能保证工作高效运转的情况下,人数越少越好。

2. 年龄、性别结构

不同年龄的人具有不同的经验、智力和心理状态。年长者一般阅历深,经验丰富,遇事冷静;中年人志趣稳定,有较强的分析判断能力;年轻人精力旺盛,反应灵活,容易接受新事物,敢想敢干。但年长者容易保守、固执,年轻人容易冲动、偏激、片面。所以,一个优化的领导班子结构中,要有合理的老、中、青比例,一般应以中、青年为主。合理的年龄结构组合可起到扬长避短、优劣势互补的作用,考虑幼儿园管理工作的特点,领导班子应以年轻化为好。

现阶段,幼儿园领导班子的性别结构仍是女多男少的状况,近年来随着男性幼儿教师加入,在少量的幼儿园领导班子队伍中亦有男性,相信男性幼教工作者的加入对我国幼教事业的发展有积极的推动作用。

3. 个性气质结构

人的个性既丰富多彩,又千差万别。有的人沉稳、内向,有的人冲动、外向;有的人活泼、擅长社会交际,有的人勤于埋头苦干;有的人善于言辞,有的人善于深入思考。现代幼儿园管理既要尊重每个教职工的个性,使其创造性得到最大的发挥,又要强调团队精神,使每个人、每个部门协同工作,实现最佳的整体功能。因此,在配备领导班子时,要综合考察干部个性气质,使班子成员个性互补,以便适应多种性质的管理工作,减少内耗,增强合力。

4. 知识结构

现代幼儿园的管理工作对幼儿园管理者提出相应要求与标准，其中包括学历要求，但学历并不能完全代表实际管理能力，而且学历所标志的知识水平，并非一定要在正规学校才能达到。因此，既要重视管理者的学历，又不能唯学历论。最理想的情形是，在幼儿园领导班子中，总体上都已达到规定的学历标准，但其中有更高学历的人，使总体的学历结构呈“立体型”。

幼儿园工作涉及面广，包括保教、行政、后勤、卫生保健等。没有一个领导者是全才，所以在幼儿园领导班子知识化、专业化的基础上，要求班子成员在自己分工的方面具有丰富的知识，而且还要在实践中不断提高，力争成为这方面的行家里手，以便做好分管工作。

5. 素质能力组合结构

领导班子的素质能力比专业知识更为重要。领导班子必须具备计划决策能力、组织指挥能力、协调沟通能力、总结提高能力。既要创新，又要脚踏实地，既需要思想家，也需要实干家。而众多的素质能力不可能都集中于一个人身上。在领导班子中每个人的素质能力必然存在差异，比如性格，有的人较稳重，有的人较冲动，有的人外露等。每个人各不相同，互有长短，但组合起来则可以互补。因此，必须通过合理的组合形成一个较为理想的智能素养机构。选拔、配备班子成员时，要充分考虑每个成员的能力和个性，尽量使成员之间的性格相容，能力互补。

（二）幼儿园领导班子的建设策略

1. 处理好班子内部的关系

幼儿园实行园长负责制，园长在幼儿园的行政工作中处于决策的中心地位，但要想对幼儿园工作实行有效的领导和管理，必须依靠领导班子集体的力量，这就需要处理好班子内部的关系，把实行园长负责制和发挥领导班子集体作用结合起来。

（1）园长要合理调配领导班子成员，根据每个人的特点和优势，进行合理分工，明确职责。园长要以个人的影响力、个人的品质和创造思维，把班子成员团结成一个整体，使成员间能够有效地沟通交流，相互尊重和包容，产生强烈的认同感和归属感。

（2）园长要善于授权。根据工作任务的需要把权力分授给每一个部门领导，让部门领导明确职责分工，在一定范围内享有履行职责分工所需的决策权、指挥权、检查权，这样就能调动和充分发挥班子中每个成员的工作积极性，提高工作效率，为完成各自的工作任务，实现幼儿园共同的发展目标而努力工作。

2. 树立领导班子的威信

威信是人们对自己的领导、上级、长者或同事所持有的一种信赖、尊重的态度。如果能使集体出色地完成任务、取得卓越成绩，使集体中人与人的关系团结和谐，这个人就会获得较高的个人威信。因此，幼儿园领导班子要在教职工中树立威信，以便各项管理工作的落实。

（1）幼儿园领导班子能够根据本园的实际科学决策，提出幼儿园发展的前景目标，并采用科学合理的工作方法，提高工作效率，使幼儿园的各项工作取得新成绩，使幼儿园教职工真切地体会到幼儿园的发展和变化，增强对领导班子的信任度。

（2）领导班子成员要同心同德，团结一致。班子中的每个成员工作中相互支持、相互配合、相互合作，分工不分家，有全局观念。领导成员作风民主、平等待人、处事公正、不谋私利、言而有信、以身作则、襟怀宽广，能够取信于民。这样就能够得到教职工的支持和信赖。

3. 提高班子成员的素质

随着学前教育事业的快速发展，要求幼儿园的管理者们要在知识、观念上不断地更新，以适应幼儿园改革与发展的需要。

（1）幼儿园领导班子的每一个成员都要注重自身的建设与发展，应该有忧患意识，保持对新生事物的敏感性，督促自己加强学习，把握国家关于学前教育事业的方针政策，吸收幼儿教育改革的新思想和新理念，不断提高自己的业务管理水平和创新管理能力。

（2）要重视领导班子整体素质的提高，既要不断加强学习，又要做到在学习中创新，在创新中学习、总结和提升。这样才能创建一个充满活动、生命力、凝聚力、战斗力的领导班子，在幼儿园的建设和发展中起到领导表率作用。

4. 重视对班子后备人员的培养和选拔

建设幼儿园领导班子除了注重领导班子成员的合理使用和培养外，还要选拔助手，做好后备干部的培养工作，以便后继有人，保持幼儿园管理工作的连续性和稳定性，并调动广大教职工的积极性。班子后备人员可从本园教职工中择优培养，也可从其他幼儿园选择优秀人员调入。可采用任命制、选举制，也可招聘，不论采用哪种方式和途径选用新的幼儿园管理人员，都必须严格把关，从严任职资格。

案例讨论

某市一家高品质的幼儿教育集团旗下有八所分园。按照惯例，集团每年要在教师节为所有员工发放教师节奖金。集团董事会提出了两种方案：一是所有员工（教师、保育员、管理人员）均等，每人 1 000 元；二是教师、管理人员每人 1 200 元，保育员每人 800 元。集团董事会就两个方案争执不下，部分董事认为均等较好，避免打击不同员工的积极性，以后保育工作不好开展；另外则有董事认为，教师节本来就应该突出教师的中心地位，这样才能提高教师的教学积极性。两种建议争执不下，不知如何选择？

问题：你认为应该怎样发放？请简要说明解决方案。

思考与练习

1. 幼儿园人才资源管理的含义。
2. 幼儿园人力资源管理的过程。
3. 幼儿园经费管理的策略。

4. 幼儿园物品管理的原则。
5. 幼儿园教师队伍的建设策略。
6. 幼儿园领导班子的建设策略。

实践与训练

项目:制订幼儿园岗位人员聘任方案。
内容:幼儿园教师岗位聘任实施方案。
要求:
(1) 以小组为单位,到所熟悉的幼儿园进行教师岗位聘任情况调查。
(2) 每个小组根据调查材料,对该幼儿园聘任实施细则、聘用流程进行分析。
(3) 模拟制订一个幼儿园教师岗位聘任工作方案。

第五单元 幼儿园卫生保健管理

学习目标

1. 了解幼儿园卫生保健管理工作的意义和管理任务。
2. 理解幼儿园卫生保健工作的内容与要求。
3. 掌握幼儿园卫生保健工作管理的要求。

课程导入

在周二晨检时，发现某幼儿园大班出现一例水痘幼儿，当时老师就让家长将孩子带回去治疗，但却忽略了所在班级的彻底消毒与隔离工作，导致班级30名幼儿中有20多名感染上了水痘。水痘、腮腺炎等都是幼儿期易发的传染性疾病，当所在班级发现第一例病例时，就应该对班级进行彻底消毒，并每日进行大于常规量一倍的消毒，还应严格按照隔离期限与其他班级幼儿进行隔离，杜绝疾病的传播。如果该幼儿园的卫生保健工作管理到位，就不会出现疾病大面积感染的情况了。

《幼儿园教育指导纲要（试行）》明确指出："幼儿园应该把保护幼儿的生命和促进幼儿的健康放在工作的首位。"《托儿所幼儿园卫生保健管理办法》明确规定："托幼机构应贯彻保教结合、预防为主的方针，认真做好卫生保健工作。"由此可见，幼儿园卫生保健工作是幼儿园工作的重要组成部分，科学合理的卫生保健工作为幼儿园其他各项工作的开展奠定了基础。

第一节 幼儿园卫生保健工作的意义和任务

卫生保健是以人为工作对象，采取各种措施，力求排除和控制人的伤病状态、维护和增进人的身心健康的社会活动。

幼儿园卫生保健工作是指一切为保证幼儿身心正常发育和健康成长而实施的各种措施。

一、幼儿园卫生保健工作的意义

（一）幼儿园卫生保健工作是保证幼儿健康成长的前提

幼儿园十分强调卫生保健工作，是由幼儿的年龄特点和身心发展规律决定的，重视幼儿园卫生保健工作是保证幼儿健康成长的前提。

幼儿正处于生长发育的关键时期，可塑性大，行为习惯与个性特征正在逐步形成的过程中。幼儿的身体发展和心理发展在发展速度上是不均衡的，发展有先有后，但是从横向看，同一时期各个方面的发展都是相互联系、相互制约的，年龄越小，身心发展的互相影响越大。在出生后的前 6 年，儿童的身体发展是十分迅速的，不仅是外貌体征的变化过程，也是心理成长的变化过程，这些都对其心理发展具有极大的影响，身体的发展制约着心理的发展。因此，幼儿园要从幼儿年龄特点出发，科学地安排幼儿的一日生活，提供合理的营养膳食，定期体检，进行疾病的防治和生活卫生常规的培养，加强体格锻炼，以及建立安全的措施等工作，实施良好的保育和教育，促进幼儿身心健康发展。

另外，幼儿园里的儿童比较多，幼儿间相互接触频繁，由于幼儿的身体抗病能力差，交叉感染的机会多，传染病极易蔓延。为了保证全体幼儿的健康，幼儿园必须要为幼儿创设干净、整洁的环境，采取保健的安全措施，给幼儿提供有利于健康发展的环境。

（二）幼儿园卫生保健工作是实现“双重”任务的保障

幼儿园担负着促进幼儿身心全面发展和为家长服务的双重任务，幼儿园卫生保健工作是做好保教工作的基础和保障。现代生活、工作节奏的加快，使年轻的父母们难以抽出更多的时间照顾孩子，但是他们对孩子的身心发展状况非常关心，尤其对于身体发育与健康格外重视，于是就对幼儿园寄托了极大的希望。因此，幼儿园要有目的、有计划、有组织地根据幼儿年龄特点、遵循幼儿身心发展规律，开展以卫生保健为重点的养护工作，有效保障幼儿的身心健康发展，为家长解除生活、工作的压力。

二、幼儿园卫生保健工作的任务

幼儿园卫生保健工作的主要任务是贯彻预防为主、保教结合的工作方针，为集体儿童创造良好的生活环境，预防控制传染病，降低常见病的发病率，培养健康的生活习惯，保障儿童身心健康。

(一) 保护幼儿生命,促进幼儿健康

幼儿期是人身体生长发育的主要时期。一方面,幼儿身体器官系统都在迅速地发育,急剧地变化。另一方面,这种发育尚未成熟,各组织器官还比较娇嫩、柔弱,可塑性极大。同时,幼儿的免疫力低,各组织器官极容易感染疾病,生活经验少,独立生活能力差,又缺乏安全知识,饮食起居均需要成人的妥善安排和照顾,要注意预防疾病和防止意外事故。因此,保护幼儿生命与健康,促进幼儿的生长发育是幼儿园卫生保健工作的首要任务。

(二) 培养幼儿良好的生活、卫生习惯

健康生活和安全生活的习惯与态度是保持、增进健康的前提。幼儿园通过采取各种措施,给幼儿提供安全卫生的生活环境和营养膳食,指导幼儿逐步养成健康生活和安全生活的习惯和态度,增强安全意识,培养幼儿的自我保护能力,促进幼儿生长发育,确保幼儿身心健康。

三、幼儿园卫生保健工作职责

(1) 按照《托儿所幼儿园卫生保健管理办法》(以下简称《管理办法》)要求,设立保健室或卫生室,根据接收儿童数量配备符合相关资质的卫生保健人员。

(2) 新设立的托幼机构,招生前应当取得县级以上卫生行政部门指定的医疗卫生机构出具的符合《托儿所幼儿园卫生健康工作规范》的卫生评价报告。

(3) 制订适合本园(所)的卫生保健工作制度和年度工作计划,定期检查各项卫生保健制度的落实情况。

(4) 严格执行工作人员和儿童入园(所)及定期健康检查制度。坚持晨午检及全日健康观察工作,卫生保健人员应当深入各班巡视。做好儿童转园(所)健康管理工作。定期开展儿童生长发育监测和五官保健,将儿童体检结果及时反馈给家长。

(5) 加强园(所)的传染病预防控制工作。做好入园(所)儿童预防接种证的查验,配合有关部门按时完成各项预防接种工作。建立儿童传染病预防控制制度,做好晨午检,儿童缺勤要追查,因病缺勤要登记。明确传染病疫情报告人,发现传染病病人或疑似传染病人要早报告、早治疗,相关班级要重点消毒管理。做好园(所)内环境卫生、各项日常卫生和消毒工作。

(6) 加强园(所)的伤害预防控制工作,建立因伤害缺勤登记报告制度,及时发现安全隐患,做好园(所)内伤害干预和评估工作。

(7) 根据各年龄段儿童的生理、心理特点,在卫生保健人员参与下制订合理的一日生活制度和体格锻炼计划,开展适合儿童年龄特点的保育工作和体格锻炼。

(8) 严格执行食品安全工作要求,配备食堂从业、管理人员和食品安全监管人员,制定各岗位工作职责,上岗前应参加食品安全法律法规和儿童营养等专业知识培训。做好儿童的膳食管理工作,为儿童提供符合营养要求的平衡膳食。

(9) 卫生保健人员应按时参加妇幼保健机构召开的工作例会，并接受相关业务培训与指导；定期对托幼机构内工作人员进行卫生保健知识的培训；积极开展传染病、常见病防治的健康教育，负责消毒隔离工作的检查指导，做好疾病的预防与管理。

(10) 根据工作要求，完成各项卫生保健工作记录的填写，做好各种统计分析，并将数据按要求及时上报辖区内妇幼保健机构。

第二节　幼儿园卫生保健工作的内容与要求

一、一日生活安排

(1) 幼儿园应当根据各年龄段儿童的生理、心理特点，结合本地区的季节变化和本园的实际情况，制定合理的生活制度。

(2) 合理安排儿童睡眠、进餐、大小便、活动、游戏等各个生活环节的时间、顺序和次数，注意动静结合、集体活动与自由活动结合、室内活动与室外活动结合，不同形式的活动交替进行。

(3) 保证儿童每日充足的户外活动时间。全日制儿童每日不少于 2 小时，寄宿制儿童不少于 3 小时，寒冷、炎热季节可酌情调整。

(4) 根据儿童年龄特点和幼儿园服务形式合理安排每日进餐和睡眠时间。制定餐、点数，儿童正餐间隔时间 3.5～4 小时，进餐时间 20～30 分钟/餐，餐后安静活动或散步时间 10～15 分钟。3～6 岁儿童午睡时间根据季节以 2～2.5 小时/日为宜，3 岁以下儿童日间睡眠时间可适当延长。

(5) 严格执行一日生活制度，卫生保健人员应当每日巡视，观察班级执行情况，发现问题及时予以纠正，以保证儿童在幼儿园内生活的规律性和稳定性。

二、儿童膳食

(一) 膳食管理

(1) 幼儿园食堂应按照国家有关法律法规和规章的要求，取得《餐饮服务许可证》，建立健全各项食品安全管理制度。

(2) 幼儿园应当为儿童提供符合国家《生活饮用水卫生标准》的生活饮用水，保证儿童按需饮水。每日上、下午各 1～2 次集中饮水，1～3 岁儿童饮水量 50～100 毫升/次，3～6 岁儿童饮水量 100～150 毫升/次，并根据季节变化酌情调整饮水量。

(3) 儿童膳食应专人负责，建立有家长代表参加的膳食委员会并定期召开会议，进行民主管理。工作人员的餐食与儿童膳食要严格分开，儿童膳食费专款专用，账目每月公布，每学期膳食收支盈亏不超过 2%。

(4) 儿童食品应当在具有《食品生产许可证》或《食品流通许可证》的单位采购。食品进货前必须采购查验及索票索证，托幼机构应建立食品采购和验收记录。

（5）儿童食堂应当每日清扫、消毒，保持内外环境整洁。食品加工用具必须生熟标识明确、分开使用、定位存放。餐饮具、熟食盛器应在食堂或清洗消毒间集中清洗消毒，消毒后保洁存放。库存食品应分类摆放、注有标识、注明保质日期、定位储藏。

（6）禁止加工变质、有毒、不洁、超过保质期的食物，不得制作和提供冷荤凉菜。留样食品应按品种分别盛放于清洗消毒后的密闭专用容器内，在冷藏条件下存放48小时以上；每样品种不少于100克，以满足检验需要，并做好记录。

（7）进餐环境应当卫生、整洁、舒适。餐前做好充分准备，按时进餐，保证儿童情绪愉快，培养儿童良好的饮食行为和卫生习惯。

（二）膳食营养

（1）幼儿园应当根据儿童生理需求，以《中国居民膳食指南》为指导，参考"中国居民膳食营养素参考摄入量（DRIs）"和各类食物每日参考摄入量，制订儿童膳食计划。

（2）根据膳食计划制订带量食谱，1～2周更换1次。食物品种要多样化且合理搭配。

（3）应采用科学合理的方法进行主副食的选料、洗涤、切配和烹调，减少营养素的损失，符合儿童清淡口味，达到营养膳食的要求。烹调食物注意色、香、味、形，提高儿童的进食兴趣。

（4）幼儿园每季度至少进行1次膳食调查和营养评估。全日制幼儿园儿童热量和蛋白质平均摄入量应达到"DRIs"的80%以上，寄宿制幼儿园应达到"DRIs"的90%以上。维生素A、B_1、B_2、C及矿物质钙、铁、锌等应达到"DRIs"的80%以上。三大营养素热量占总热量的百分比分别是蛋白质12%～15%，脂肪30%～35%，碳水化合物50%～60%。每日早餐、午餐、晚餐热量分配比例分别为30%、40%和30%。优质蛋白质占蛋白质总量的50%以上。

（5）有条件的幼儿园可为贫血、营养不良、食物过敏等儿童提供特殊膳食。不提供正餐的幼儿园，每日至少提供1次点心。

三、体格锻炼

（1）幼儿园应当根据儿童的年龄及生理特点，每日有组织地开展各种形式的体格锻炼，掌握适宜的运动强度，保证运动量，提高儿童身体素质。

（2）保证儿童室内外运动场地和运动器械的清洁、卫生、安全，做好场地布置和运动器械的准备。定期进行室内外安全隐患排查。

（3）利用日光、空气、水和器械，有计划地进行儿童体格锻炼。做好运动前的准备工作。运动中注意观察儿童面色、精神状态、呼吸、出汗量和儿童对锻炼的反应，若有不良反应要及时采取措施或停止锻炼；加强运动中的保护，避免运动伤害。运动后注意观察儿童的精神、食欲、睡眠等状况。

（4）全面了解儿童健康状况，患病儿童停止锻炼；病愈恢复期的儿童运动量要根据身体状况予以调整；体弱儿童的体格锻炼进程应当较健康儿童缓慢，时间缩短，并要对体弱儿童运动反应进行仔细的观察。

四、健康检查

（一）儿童健康检查

1. 入园健康检查

（1）儿童入园前应经医疗卫生机构进行健康检查，合格后方可入园。

（2）承担儿童入园体检的医疗卫生机构及人员应取得相应的资格，并接受相关专业技术培训。医疗卫生机构应按照《管理办法》规定的项目开展健康检查，规范填写《儿童入园健康检查表》，不得违反规定擅自改变健康检查项目。

（3）若在儿童入园体检中发现疑似传染病者应“暂缓入园”，及时确诊治疗。

（4）儿童入园时，幼儿园应查验《儿童入园健康检查表》《0～6岁儿童保健手册》《预防接种证》。

若发现没有预防接种证或未依照国家免疫规划受种的儿童，应当在30日内向幼儿园所在地的接种单位或县级疾病预防控制机构报告，督促监护人带儿童到当地规定的接种单位补证或补种。幼儿园应当在儿童补证或补种后复验预防接种证。

2. 定期健康检查

（1）承担儿童定期健康检查的医疗卫生机构及人员应取得相应的资格。儿童定期健康检查项目包括测量身长（身高）、体重，检查口腔、皮肤、心肺、肝脾、脊柱、四肢等，测查视力、听力，检测血红蛋白或血常规。

（2）1～3岁儿童每年健康检查2次，每次间隔6个月；3岁以上儿童每年健康检查1次。所有儿童每年进行1次血红蛋白或血常规检测。1～3岁儿童每年进行1次听力筛查；4岁以上儿童每年检查1次视力。体检后应当及时向家长反馈健康检查结果。

（3）儿童离开幼儿园3个月以上需重新按照入园检查项目进行健康检查。

（4）转园儿童持原托幼机构提供的《儿童转园健康证明》《0～6岁儿童保健手册》可直接转园。《儿童转园健康证明》有效期3个月。

3. 晨检、午检及全日健康观察

（1）做好每日晨间或午间入园检查。检查内容包括询问儿童在家有无异常情况，观察精神状况、有无发热和皮肤异常，检查有无携带不安全物品等，发现问题及时处理。

（2）应对儿童进行全日健康观察，内容包括饮食、睡眠、大小便、精神状况、情绪、行为等，并作好观察及处理记录。

（3）卫生保健人员每日深入班级巡视2次，发现患病、疑似传染病儿童应尽快隔离并与家长联系，及时到医院诊治，并追访诊治结果。

（4）患病儿童应离园休息治疗。如果接受家长委托喂药时，应当做好药品交接和登记，并请家长签字确认。

（二）工作人员健康检查

1. 上岗前健康检查

（1）幼儿园工作人员上岗前必须按照《管理办法》的规定，经县级以上人民政府卫生行政部门指定的医疗卫生机构进行健康检查，取得《托幼机构工作人员健康合格证》后方可上岗。

(2) 精神病患者或者有精神病史者不得在托幼机构工作。

2. 定期健康检查

(1) 幼儿园在岗工作人员必须按照《管理办法》规定的项目每年进行1次健康检查。

(2) 在岗工作人员患有精神病者，应当立即调离托幼机构。

(3) 凡患有下列症状或疾病者须离岗：发热、腹泻等症状；流感、活动性肺结核等呼吸道传染性疾病；痢疾、伤寒、甲型病毒性肝炎、戊型病毒性肝炎等消化道传染性疾病；淋病、梅毒、滴虫性阴道炎、化脓性或者渗出性皮肤病等。治愈后须持县级以上人民政府卫生行政部门指定的医疗卫生机构出具的诊断证明，并取得《托幼机构工作人员健康合格证》后，方可回园工作。

(4) 体检过程中发现异常者，由体检的医疗卫生机构通知幼儿园的患病工作人员到相关专科进行复查和确诊，并追访诊治结果。

五、卫生与消毒

(一) 环境卫生

(1) 幼儿园应当建立室内外环境卫生清扫和检查制度，每周全面检查1次并做好记录，为儿童提供整洁、安全、舒适的环境。

(2) 室内应当有防蚊、蝇、鼠、虫及防暑和防寒设备，并放置在儿童接触不到的地方。集中消毒应在儿童离园后进行。

(3) 保持室内空气清新、阳光充足。采取湿式清扫方式清洁地面。厕所做到清洁通风、无异味，每日定时打扫，保持地面干燥。便器每次用后及时清洗干净。

(4) 卫生洁具各班专用、专放并做好标记。抹布用后及时清洗干净，晾晒、干燥后存放；拖布清洗后应晾晒或控干后存放。

(5) 枕席、凉席每日用温水擦拭，被褥每月曝晒1～2次，床上用品每月清洗1～2次。

(6) 保持玩具、图书表面的清洁卫生，每周至少进行1次玩具清洗，每两周图书翻晒1次。

(二) 个人卫生

(1) 儿童日常生活用品专人专用，保持清洁。要求每人每日1巾1杯专用，每人1床位1被。

(2) 培养儿童良好卫生习惯。饭前便后应用肥皂、流动水洗手，早晚洗脸、刷牙，饭后漱口，做到勤洗头、洗澡、换衣，勤剪指(趾)甲，保持服装整洁。

(3) 工作人员应当保持仪表整洁，注意个人卫生。饭前、便后和护理儿童前应用肥皂、流动水洗手；上班时不戴戒指，不留长指甲；不在园内吸烟。

(三) 预防性消毒

(1) 儿童活动室、卧室应当经常开窗通风，保持室内空气清新。每日至少开窗通风两次，每次至少 10～15 分钟。在不适宜开窗通风时，每日应当采取其他方法对室内空气消毒两次。

(2) 餐桌每餐使用前消毒。水杯每日清洗消毒，用水杯喝豆浆、牛奶等易附着于杯壁的饮品后，应当及时清洗消毒。反复使用的餐巾每次使用后消毒。擦手毛巾每日消毒 1 次。

(3) 门把手、水龙头、床围栏等儿童易触摸的物体表面每日消毒 1 次。坐便器每次使用后及时冲洗，接触皮肤部位及时消毒。

(4) 使用符合国家标准或规定的消毒器械和消毒剂。环境和物品的预防性消毒方法应当符合要求。

六、传染病预防与控制

(1) 督促家长按免疫程序和要求完成儿童预防接种。配合疾病预防控制机构做好托幼机构儿童常规接种、群体性接种或应急接种工作。

(2) 幼儿园应当建立传染病管理制度。幼儿园内发现传染病疫情或疑似病例后，应立即向属地疾病预防控制机构(农村乡镇卫生院防保组)报告。

(3) 班级老师每日登记本班儿童的出勤情况。对因病缺勤的儿童，应了解儿童的患病情况和可能的原因，对疑似患传染病的，要及时报告园疫情报告人。园疫情报告人接到报告后应及时追查儿童的患病情况和可能的病因，以做到对传染病人的早发现。

(4) 幼儿园内发现疑似传染病例时，应及时设立临时隔离室，对患儿采取有效的隔离控制措施。临时隔离室内环境、物品应便于实施随时性消毒与终末消毒，控制传染病在园内暴发和续发。

(5) 幼儿园应配合当地疾病预防控制机构对被传染病病原体污染(或可疑污染)的物品和环境实施随时性消毒与终末消毒。

(6) 发生传染病期间，幼儿园应当加强晨检、午检和全日健康观察，并采取必要的预防措施，保护易感儿童。对发生传染病的班级按要求进行医学观察，医学观察期间该班与其他班相对隔离，不办理入托和转园手续。

(7) 卫生保健人员应定期对儿童及其家长开展预防接种和传染病防治知识的健康教育，提高其防护能力和意识。传染病流行期间，加强对家长的宣传工作。

(8) 患传染病的儿童隔离期满后，凭医疗卫生机构出具的痊愈证明方可返园。根据需要，来自疫区或有传染病接触史的儿童，检疫期过后方可入园。

七、常见病预防与管理

(1) 幼儿园应当通过健康教育普及卫生知识，培养儿童养成良好的卫生习惯；提供合理平衡膳食；加强儿童体格锻炼，增强儿童体质，提高其对疾病的抵抗能力。

(2) 定期开展儿童眼、耳、口腔保健，发现视力低常、听力异常、龋齿等问题进行登记管理，督促家长及时带患病儿童到医疗卫生机构进行诊断及矫治。

(3) 对贫血、营养不良、肥胖等营养性疾病儿童进行登记管理,对中重度贫血和营养不良儿童进行专案管理,督促家长及时带患病儿童进行治疗和复诊。

(4) 对患有先心病、哮喘、癫痫等疾病的儿童,及对药物或食物有过敏史的儿童进行登记,加强日常健康观察和保育护理工作。

(5) 重视儿童心理行为保健,开展儿童心理卫生知识的宣传教育,发现有心理行为问题的儿童及时告知家长到医疗保健机构进行诊疗。

八、伤害预防

(1) 幼儿园的各项活动应以儿童安全为前提,建立定期全园安全排查制度,落实预防儿童伤害的各项措施。

(2) 幼儿园的房屋、场地、家具、玩教具、生活设施等应符合国家相关安全标准和规定。

(3) 幼儿园应建立重大自然灾害、食物中毒、踩踏、火灾、暴力等突发事件的应急预案,如果发生重大伤害时应当立即采取有效措施,并及时向上级有关部门报告。

(4) 幼儿园应加强对工作人员、儿童及监护人的安全教育和突发事件应急处理能力的培训,定期进行安全演练,普及安全知识,提高自我保护和自救的能力。

(5) 保教人员应定期接受预防儿童伤害相关知识和急救技能的培训,做好儿童安全工作,消除安全隐患,预防跌落、溺水、交通事故、烧(烫)伤、中毒、动物致伤等伤害的发生。

九、健康教育

(1) 幼儿园应根据不同季节、疾病流行等情况制订全年健康教育工作计划,并组织实施。

(2) 健康教育的内容包括膳食营养、心理卫生、疾病预防、儿童安全以及良好行为习惯的培养等。健康教育的形式包括举办健康教育课堂、发放健康教育资料、宣传专栏、咨询指导、家长开放日等。

(3) 采取多种途径开展健康教育宣传。每季度对保教人员开展 1 次健康讲座,每学期至少举办 1 次家长讲座。每班有健康教育图书,并组织儿童开展健康教育活动。

(4) 做好健康教育记录,定期评估相关知识知晓率、良好生活卫生习惯养成、儿童健康状况等健康教育成效。

十、信息收集

(1) 幼儿园应建立健康档案,包括幼儿园工作人员健康合格证、儿童入园(所)健康检查表、儿童健康检查表或手册、儿童转园(所)健康证明。

(2) 幼儿园应对卫生保健工作进行记录,内容包括出勤、晨午检及全日健康观察、膳食管理、卫生消毒、营养性疾病、常见病、传染病、伤害和健康教育等记录。

(3) 工作记录和健康档案应真实、完整、字迹清晰。工作记录应及时归档，至少保存3年。

(4) 定期对儿童出勤、健康检查、膳食营养、常见病和传染病等进行统计分析，掌握儿童健康及营养状况。

(5) 有条件的幼儿园可应用计算机软件对儿童体格发育评价、膳食营养评估等卫生保健工作进行管理。

第三节 幼儿园卫生保健工作管理

一、幼儿园卫生保健工作管理的目的

幼儿园卫生保健工作管理是以卫生保健工作过程为对象，采取各种措施提高卫生保健工作的效率和成果的社会活动。

《幼儿园工作规程》第三条指出：幼儿园实行保育和教育相结合的原则，对幼儿实施德、智、体、美等方面全面发展的教育，促进幼儿身心和谐发展。要完成这一任务，就离不开对幼儿园卫生保健工作的管理。因此，幼儿园卫生保健工作管理的目的在于通过管理提高幼儿园卫生保健工作的规范程度和工作效率，使卫生保健工作能够有条不紊，保障在园幼儿和教职工的身心健康，特别是为幼儿的身心发展提供了基础和前提。具体而言，就是要做到责任明确、落实到人、分工合作，确保卫生保健工作的有序进行，使凡是涉及在园幼儿和广大教职工身心健康的因素都得以有效监控和妥善处理，使在园幼儿和广大教职工的身心健康得以维护和保障。

二、幼儿园卫生保健工作的组织管理

（一）建立卫生保健工作的领导组织

幼儿园卫生保健工作是全园教职工的事，保健医生、教师、保育员、炊事员等都有责任。因此，必须建立一个统一的领导组织，确定一名园长或主任负责领导，调动各方面的力量，协调各方面的工作，以提高管理效率。

（二）健全各项卫生保健制度

健全各项卫生保健制度，是实现幼儿园卫生保健目标任务的保证，也是检查各项卫生保健工作实行情况的依据。幼儿园在贯彻执行卫生部制定的《托儿所幼儿园卫生保健制度》的基础上，可根据幼儿园的实际情况制定有关的卫生保健制度。如教职工和幼儿体格检查制度，幼儿体格锻炼制度，预防接种制度，隔离、消毒制度等。

（三）幼儿园卫生保健工作的管理过程

幼儿园卫生保健工作的管理过程是通过计划的制订、执行、检查和总结四个环节来开展的。

计划的制订要根据幼儿教育的总目标和当地主管部门的要求，结合幼儿园的实际情况，在总结上学期工作的基础上进行。首先，要确定本学期幼儿园卫生保健工作的总任务和要求，要突出重点，体现改进和提高策略。其次，由各部门据此制订具体的部门卫生保健工作计划，做到各项工作任务明确，措施具体，进行的方式、执行人及完成日期有落实。

领导小组在分管园长或主任的领导下要定期、不定期地检查卫生保健工作的进展情况，各项工作是否按计划执行、按制度办事，若发现问题要及时找出原因，并修改、完善计划，确保工作的有效开展。

领导小组在学期结束时应对卫生保健工作进行全面的总结，也可针对某项卫生保健工作及时进行单项工作总结，各部门应对所承担的卫生保健工作进行阶段总结。领导小组根据检查、分析，结合各部门的总结做出全园的总结，并纳入全园工作总结之中，以促进全园工作的协调开展。

三、幼儿园卫生保健工作管理的要求

（一）坚持预防为主

坚持预防为主是幼儿园卫生保健工作管理的根本要求。幼儿期是儿童生长和发育非常迅速的关键期，各器官、系统尚未发育成熟，抵抗力差，极易感染疾病，受到伤害。幼儿园是幼儿集体生活场所，卫生保健方面的工作稍有差错疏漏，就可能给幼儿造成伤害。所以，幼儿园卫生保健工作应以预防为主，防患于未然。但不能一味地消极预防，要采取积极措施，如注重身体锻炼，增强幼儿体质，增强对疾病的抵抗力；重视幼儿的常规训练，减少幼儿之间的冲突；进行必要的健康教育，增强幼儿的自我保护能力。

（二）发挥组织和制度的保障作用

幼儿园卫生保健工作是全园教职工的事，它涉及面广，不仅保健医、保健人员要参与，保育员、事务员、炊事员、勤杂工、门卫等也都有责任。因此，幼儿园必须建立一个统一领导组织，应有一名领导主管卫生保健工作，以调动各方面的力量，协调各方面的工作，提高幼儿园卫生保健工作的管理效率。另外，幼儿园要将卫生保健方面的各类要求、执行步骤等制度化，以规范各方面的工作和各类工作人员的行为，协调各部门的工作，确保幼儿园卫生保健工作任务的完成，保证幼儿健康发展。

（三）加强计划性和检查指导工作

幼儿园管理者应将卫生保健工作提到议事日程，园务工作计划要明确提出卫生保健工作任务，各部门要根据园务工作计划制订本部门的工作计划，各班级也应该在保教工作计划中体现卫生保健方面的要求，提出具体落实措施，并对计划的实行进行检查指导，以便及时掌握情况，不断改进工作，提高工作质量。如对幼儿膳食工作进行检查，了解幼儿进餐的次数、时间及各餐热量分配和饮食卫生，统计测算幼儿摄入的营养素，及时发现问题，有针对性地给予指导。可以将定期检查与平时检查结合起来，全面检查与单项检查结合起来，对检查结果及时进行分析，寻找问题存在的原因，提出改进意见。

（四）重视日常性的卫生保健工作

幼儿园的卫生保健工作要从大处着眼，小处着手，重视日常性的卫生保健工作，重视生活中的教育对幼儿身心发展的影响和作用，抓好幼儿日常生活活动及每日的饮食起居等环节的卫生保健工作，做到常抓不懈。

（五）对幼儿园卫生保健工作实施全方位管理

建立幼儿园卫生保健工作领导小组，调动各方面的力量，协调各方面的工作，以提高管理效率。同时，健全各项卫生保健制度，通过计划的制订，执行、检查和总结四个环节来实施幼儿园卫生保健工作的全方位管理。

5.1 卫生保健工作的全方位管理

案例分析

幼儿园食品安全案例

2007 年 10 月 22 日早操后，天天幼儿园像往常一样把蓝月亮食品公司送来的袋装牛奶直接发给幼儿饮用。10 点钟左右，不同班级均有幼儿出现腹痛、腹泻、呕吐等症状。天天幼儿园立即将疑似食物中毒的幼儿送往医院治疗，至 12 点 30 分，已陆续有 20 多名幼儿被送进医院。

问题一：天天幼儿园因为忙于将幼儿送往医院救治，所以没有及时通知家长。也没有在第一时间上报幼儿园主管部门和所在地食品卫生监督机构。该幼儿园的做法是否妥当？

在发生食物中毒后，幼儿园应立即启动《幼儿食物中毒事件应急处理预案》，除将疑似食物中毒幼儿送往医院救治外，还应立即向所在地食品卫生监督机构和幼儿园主管部门报告，说清幼儿园的名称、地址、中毒时间、中毒人数、可疑食物等有关内容，并通知家长，让家长及时知道孩子在园所发生的情况和目前幼儿园已采取的应急措施，稳定家长情绪并争取家长的理解和支持。同时，根据情况变化与所在地食品卫生监督机构和主管部门保持密切联系。

天天幼儿园没有及时上报食物中毒事件，违反了卫生部《食物中毒事故处理办法》中当食物中毒情况发生时“应当及时向所在地人民政府卫生行政部门报告”的规定，也违反了幼儿园主管部门制定的应急预案中“当事故发生后应第一时间上报”的规定。

问题二：经检验，该起食物中毒为幼儿饮用了被细菌感染的牛奶所引起的细菌性食物中毒。经进一步对生产厂家检查，蓝月亮食品公司不具有生产牛奶的资质，且规模偏小，卫生条件较差。

幼儿园采购的食品或原料应通过正规渠道选择具有相应资质的供应商，牛奶和饮用水等均应符合国家或者行业的相关标准。否则，由此造成幼儿伤害事故的，幼儿园及主要负责人将依法承担相应的法律责任。天天幼儿园没有对蓝月亮食品公司的资质等进行详尽了解，就确定由其提供幼儿饮用的牛奶并造成了幼儿食物中毒，负有一定的法律责任。

幼儿园在食品卫生方面必须严把安全关，制定包括采购、索证、验收、留验和加工等食品管理制度，并成立食品安全领导小组，由园长担任组长，全面负责食品安全工作，确保食品安全。

问题三：家长纷纷向天天幼儿园提起了赔偿请求，但天天幼儿园认为牛奶是蓝月亮食品公司提供的，家长应向蓝月亮食品公司提出赔偿。

对因产品造成的人身或财产损害，受害人既可向产品的生产者要求赔偿，也可向产品的销售者要求赔偿。因此，家长可以向天天幼儿园、蓝月亮食品公司任何一方提出，也可一并提出。

由于家长向天天幼儿园提出了赔偿请求，天天幼儿园因有过错而应承担赔偿责任。但在赔偿后，天天幼儿园可依法向蓝月亮食品公司追偿。因为蓝月亮食品公司提供的牛奶是导致幼儿食物中毒的主要原因，该公司对此负有主要责任。但天天幼儿园在当时起病急、发展快的情况下，为保证幼儿的生命安全，首先要做的就是送幼儿去医院进行治疗，再厘清责任，进行追偿。

问题四：蓝月亮食品公司认为其生产的牛奶没有被细菌感染。幼儿之所以会出现中毒症状，是因为天天幼儿园没有将牛奶保存好，致使牛奶在保存期间变质。因此，天天幼儿园应承担全部法律责任。

幼儿园验收人员每次验收时除查验食品的生产日期、保质期外，还应对食品外观、包装等逐一进行检查，将不合格食品拒之园外。幼儿园在接收食品(特别是直接食用品)后要严格按保管要求妥善保存，同时必须对所有食物留样保存。如果没有留样，一旦发生问题，应立即将尚没有吃完的可疑食品或其残渣包装后冷藏保存。同时保存好该食品的包装、标签以及幼儿的分泌物，这些都是有效的法律证据。

天天幼儿园如将蓝月亮食品公司提供的牛奶按要求保存并按规定留样，当食物中毒事件发生后可将留样牛奶立即送有关部门检验，查明原因。

案例的启示：

(1) 幼儿园应要求食品供应商提供卫生许可证、产品检验检疫合格证等材料，与供应商签订食品质量安全合同，并尽可能选择规模大、社会信誉度好的厂家。

(2) 幼儿园应依据《食品卫生法》《突发公共卫生事件应急条例》以及上级主管部门的要求制定适合本园的《幼儿食物中毒事件处理应急预案》，加强食堂管理，落实专职人员负责幼儿的用餐卫生和食品安全。

(3) 商家经常会瞄准幼儿园，将一些食品免费提供给幼儿，以期达到宣传产品的目的，而幼儿园往往会将这些赠品作为小礼物或奖品发给幼儿。对于这样的赠送，园方应严词拒绝。因为在这个赠送与接收的过程中，幼儿园和商家难以有正式的合同或约定，万一发生问题，很难追究商家的责任。

思考与练习

1. 幼儿园卫生保健工作的意义。
2. 幼儿园卫生保健工作的任务。

3. 幼儿园卫生保健工作的内容。

4. 幼儿园卫生保健工作管理的要求。

实践与训练

项目：幼儿园膳食管理。

内容：调查幼儿园食品卫生管理情况。

要求：

(1) 以小组为单位，深入到所熟悉的幼儿园对幼儿园食品的采购、保存、加工等情况进行调查和访谈。

(2) 写出小组调查报告，分析该园在幼儿膳食管理中的优点和不足，提出合理化建议。

第六单元 幼儿园班级管理

学习目标

1. 了解幼儿园班级管理的含义。
2. 了解幼儿园班级组织的功能。
3. 理解班级管理的原则。
4. 理解幼儿园班级一日常规管理的内容与要求。
5. 掌握班级一日常规管理的方法。

课程导入

在观察某幼儿园中班幼儿餐前洗手时发现：中一班在王老师的组织下，一个小组的孩子按照粘贴在地面和墙面上的标记的引导，正在有序地排队洗手并有序地离开；另外几组幼儿则是坐在自己的椅子上安静地等待，秩序井然有序。随后观察同一幼儿园张老师带的中二班的幼儿餐前洗手情况，只见很多小朋友拥挤在水龙头前，后面的孩子往前挤，前面洗完手的孩子却挤不出来，张老师只能在旁边大声地吼叫，一个一个地把孩子拉开。

两个班级幼儿在这一生活活动环节上表现出的不同，反映出两个班级在日常管理上的差距。班级是幼儿园保教任务得以落实的基本单位，班级管理对幼儿的学习与发展具有重要意义。

第一节 幼儿园班级管理基础

一、幼儿园班级管理概述

幼儿园班级是幼儿园的基层组织，幼儿园班级管理的成效对幼儿的学习与发展起着至关重要的作用。

（一）幼儿园班级及其功能

幼儿园班级是对 3～6 岁（或 7 岁）的幼儿进行保教活动的场所，是由幼儿和保教人员共同组成的学习集体，是实施幼儿园保教任务、实现教育目标的基本单位。幼儿园班级是幼儿最贴近的环境和最真实的生活场所，对幼儿的学习与发展有着最为直接的影响，具有生活功能、教育功能和社会功能。

1. 生活功能

班级为儿童提供了共同生活的组织环境，每个儿童在集体中的生活行为（例如如厕、喝水、吃饭等）都会受到班级组织管理的影响。有序、合理地安排儿童一日生活，对于提高儿童的生活质量、提高活动效率，促进儿童发展有重要意义。

教师要注意科学安排儿童一日生活的各个环节，使儿童在稳定有规律的节奏中获得生活的安全感。通过培养儿童的生活习惯，培养儿童的时间观念，促进教育、生活各环节有条不紊地进行，为保教人员相互配合，步调一致提供客观保证。

2. 教育功能

班级不仅是一个生活集体，同时是一个教育集体。班级是开展集体教育的组织保证。教师通过对活动的精心组织与策划，保证了教育活动的系统性和循序渐进性，有利于提高教育活动的质量和效率，全面实现学前教育的教育目标。

班级对幼儿社会性发展具有突出的作用。班集体共同的教育目标、共同的行为规范，能够约束每个幼儿的行为，增强其集体意识，对克服幼儿的“以自我为中心”，发展幼儿的自我意识有重要作用。同时班级中有利于形成共同的舆论、共同的活动规则，集体活动为幼儿的个体行为提供了模仿和相互学习的榜样及相互监督的标准，为实现“人人教我，我教人人”提供了必要条件。班级为幼儿之间和幼儿与教师之间的良好交往提供平台。在教师地指导下，能够使幼儿尽快掌握交往的技巧，使幼儿产生班级的归属感和安全感，能够自由表达自我，相互交流、相互影响。

3. 社会功能

《幼儿园工作规程》指出：“幼儿园应当主动与幼儿家庭沟通合作，为家长提供科学育儿宣传指导……”。不可否认，父母对孩子具有培养、教育的义不容辞的责任。但家长同时从事着社会上各种行业的工作，学前儿童尤其 3 岁前儿童，需要精心的照顾和教育，如果孩子得不到妥善的照顾，就会影响到家长安心工作。因此，幼儿园班级实际上承担着解放幼儿父母劳动力，为家长提供服务的作用。同时，因为父母不一定都具有丰富的学前教育的专业知识和技能，班级教师又承担着宣传科学的教育理念，指导家庭教育的职责。还主要担负着指导家长对于0～3岁幼儿的早期教育，进行科学育儿的任务，实现着为家长服务的社会功能。

（二）幼儿园班级管理及其意义

幼儿园班级管理是班级教师通过组织、计划、实施、调整等环节，把幼儿园班级的人、财、物、时间、空间、信息等资源充分运用起来，以便达到预定目标的管理活动。通过班级管理，保教人员可以把班级环境中各种教育因素和条件综合组织，发挥主导作用，有效促进幼儿在班级生活和学习中成长，较好地实现预期的教育培养目标。班级管理对幼儿的学习与成长、对幼儿园的发展都具有重要意义。

1. 促进幼儿个体成长

幼儿既是自然存在的生命体又是社会存在的生命体。幼儿园教育目标要通过班级教师组织幼儿的生活和学习活动来实现，因此，幼儿园班级管理要了解幼儿的天性，把握幼儿的生理特征和心理特征，遵循幼儿成长的发展规律，切合幼儿的实际，从健康、语言、社会、科学和艺术等领域对幼儿进行教育，促进幼儿的情感、态度、能力、知识、技能等方面的全面发展，把幼儿培养成有理想、有道德、有独立精神的个体生活的主体。幼儿作为社会的存在，幼儿的发展又受到一定的生活因素的影响，幼儿园班级管理应该把幼儿培养成社会生活的主体。

2. 助力幼儿园发展

一所幼儿园要想得到社会的认可，要想有更大的知名度和更好的美誉度就必须办出自己的特色，打造自己的品牌。幼儿园的特色不是对已有的管理经验简单地继承就能达到的，也不是照搬别人的成果就能够实现的，幼儿园特色的形成最主要的渠道是要通过幼儿园的班级管理，必须根据幼儿和家长的实际需求，积极探索个性化的班级管理新举措，使幼儿园班级管理工作由规范化管理模式逐步走上特色化的管理轨道，形成办园特色，打造自己品牌，助力幼儿园的生存和发展。

二、幼儿园班级管理的原则

幼儿园班级管理的原则是幼儿园班级管理必须遵守的普遍性行为准则，贯穿于班级管理的全过程。幼儿园班级管理的基本原则主要有主体性原则、整体性原则、参与性原则、高效性原则以及保教结合的原则。

（一）幼儿园班级管理的主体性原则

主体性原则是指教师作为幼儿园班级管理的主体具有的自主性、创造性和主动性，同时又充分尊重幼儿作为学习者的主体地位。

教师是幼儿园班级管理的主体，要全身心地投入幼儿园班级管理当中，从本班实际出发，有针对性地提出管理策略和方案，创造性的进行幼儿园班级管理，提高班级管理的成效，最终促进作为学习和游戏主体的幼儿得到全面发展。

在贯彻运用主体性原则时应注意发挥教师在班级管理工作中的主体性，充分地了解并把握班级的各种管理要素，合理调配、驾驭和协调各种资源。正确地理解和处理与幼儿之间的关系，不断地开拓班级管理的新举措，最大限度地反映幼儿的愿望和要求，发挥幼儿在班级管理中的主体性，注重对幼儿自律意识、自我服务、自我管理能力的培养。

（二）幼儿园班级管理的整体性原则

整体性原则是指幼儿园班级管理应是面向全体幼儿并涉及班内所有管理要素的管理。幼儿园班级管理应该是确保班级各种管理要素都得到充分利用，从而促进班级全体幼儿的共同发展而不是部分幼儿的超常发展。

在贯彻运用整体性原则时教师应把目光放到整个班级中每个幼儿身上，在此基础上，根据幼儿自身的特点和水平进行管理。要充分利用班级作为一个集体的熏陶作用和约束作用，形成良好的班风，培养幼儿的自律能力和责任心。例如，某幼儿园中班的一个班级在幼儿分点心时采取自己拿的方式。孩子们坐成一圈，一篮子小点心从一个孩子手上递到下一个孩子的手上，不是老师发。没轮到自己的时候，孩子要耐心等待。轮到自己了，要目标明确，拿出点心，及时把篮子递给下一个人。孩子们学到了做一件事，有个人目标，也有集体目标。个人目标是拿到点心，并且越快越好；集体目标是每个孩子都有点心。如果在不该你拿的时候拿了点心，就破坏了这个程序，集体的目标达不成，自己的目标也就达不成。从而培养了孩子的自律能力和集体意识。

（三）幼儿园班级管理的参与性原则

参与性原则是指教师在管理过程中以多种形式参与到幼儿的活动之中，在活动中民主、平等地对待幼儿，与幼儿共同开展有益的活动。

在贯彻运用参与性原则时班级管理者要注重良好活动氛围的创设，要大胆放权，由管理走向服务，让孩子、家长、配班老师和保育员都走上班级管理的前台，让大家都积极主动地参与管理。教师在参与幼儿活动过程中应根据幼儿的需要、活动的需要，注意角色的不断变换，进行适度地指导和管理。例如，在某幼儿园大班区域纸牌游戏活动中，开始时，老师发现明明只是坐在一旁看其他小朋友玩，就问："怎么不跟小朋友一起玩啊？"明明看看小朋友，有的在找同样花色的，有的在搭高，说："我觉得这没意思。""哦？那你想怎么玩啊？"老师问到。明明看了老师一眼，他向小朋友建议到："要不我们来玩接龙吧？"小朋友见有新的玩法，都很高兴地来玩了。老师看他们玩了一会儿，想看看他们还能玩什么不同的游戏，就问："明明，你说这连起来的纸牌像什么啊？""这好像一个火车。""对啊，我们玩火车行驶的游戏吧！""可是火车要轨道的"另一个小朋友说道，"要不我们把纸牌做成轨道啊！"于是，很多小朋友开始根据火车行驶过程中会出现的一些状态安排小朋友建车轨、车站，安排老师做售票员等，大家开心地玩了起来。这个游戏小朋友们能够这么好的玩要，教师合理、适时的指导起到了很大的作用，而且老师很好地参与融入到了幼儿的游戏中，成了幼儿的游戏伙伴，拉近了与幼儿间的关系。

（四）幼儿园班级管理的高效性原则

高效性原则是指教师在管理过程中以最少的人力、物力和时间，尽可能地使幼儿获得更多、更全面、更好地发展。

在贯彻运用高效性原则时，管理者要根据本班年龄段幼儿的身心发展特点、班级人力、物力资源的状况确定合理的班级管理目标和实施计划。管理者要根据班级管理工作的实际，灵活多变，适时调整幼儿园班级管理计划和方法，及时解决出现的新问题，把计划的“预设性”与“生成性”有机结合起来，实现高效管理。管理者要及时总结班级管理的经验教训，从本班的实际出发，积极探索最适宜的管理方法，重视结果的反馈，实现有效的管理。

(五) 幼儿园班级管理的保教结合原则

保教结合原则是指在管理过程中要坚持教中有保、保中有教的工作方向和实施途径。保教结合既反映了幼儿教育的特点、幼儿身心发展的需求和幼儿园工作的规律，也突出了幼儿教师职责的特性。

在贯彻保教结合原则时管理者要在思想上认识到这一原则是办园的指导思想、开展管理活动的核心内容和要求，是管理过程的出发点和归宿。在管理实践中要强调寓保教于幼儿一日生活之中，保证把培养幼儿知、情、意、行和能力融于体、智、德、美的全面教育之中。做到保教职能的相互结合、相互渗透、相互融合，避免“只管教、不管保”或者“只管保、不管教”的倾向。例如，某幼儿园中班教师教幼儿叠衣服时，她发现幼儿做完操后，很多孩子因出了汗，纷纷脱去外套，把衣服放在床上，很多孩子根本没学会叠衣服，将衣服胡乱卷成一团就算完成了任务。怎样才能教他们快速学会正确地叠衣服呢？这时耳边传来小班早操的音乐声，她灵机一动，心想何不让手中这些小衣服、小裤子也活动儿下呢！于是中午午睡前，她喊口令，请小朋友让衣服“伸伸臂”(将衣服拉平，将两只袖子向外拉直)、再“拍拍肩”(将两只袖子向内叠)、再“弯弯腰”(将衣服对折整齐)。叠裤子时，要求孩子先让裤子“立正”(拉直拉平两条裤腿)、再“两腿并拢”(强调一条裤腿不动，将另一条裤腿叠上面)、再“下蹲再下蹲”(将裤子对折整齐)。孩子们边听口令边操作小衣服、小裤子“做操”，都学得特别开心、快乐，在不知不觉中将叠衣服的技能学会了。

第二节 幼儿园班级一日活动常规管理

对全日制幼儿园来说，幼儿园班级一日活动就是指幼儿从早上入园到下午离园，在一日内所要经历的全部活动。活动内容主要包括生活活动、集体教学活动、游戏活动、户外活动。幼儿园班级建立合理的活动常规是幼儿一日活动的保证，对幼儿的身心全面发展具有重要作用。

一、幼儿园班级一日活动常规管理的含义

幼儿园一日活动常规是幼儿在幼儿园一日的活动中应该遵守的基本行为规范。幼儿园一日活动常规管理是对幼儿在活动中一般行为规范的规定。

《幼儿园教育指导纲要(试行)》在第三部分“组织与实施”的第九条“科学合理地安排和组织一日生活”中明确了良好常规在幼儿自我学习、自我管理、独立管理、独立解决生活问题等方面的重要意义。所以,幼儿园一日活动常规的建立对幼儿园教育有着非常重要的意义,它有利于帮助幼儿适应幼儿园集体环境,帮助幼儿学习在集体中如何生活;有利于维持班级活动的秩序,帮助保教人员顺利地组织班级活动。

在幼儿园一日常规管理中管理者要把“常规教育”与“严格遵守纪律”区别开,避免过多的成人管理行为,避免让孩子在无任何要求的情境中“自由活动”,漠视或否定常规教育现象,避免说教型教育。

幼儿园保教人员要对幼儿的自我管理、自主发展、独立发展进行合理的干预,给予规范和指导,重视幼儿的亲身体验,帮助幼儿理解自己的行为。例如,幼儿喝水时关保温桶,幼儿园的老师虽然教过如何开关保温桶,但总有些幼儿接完水后不注意把开关的把手关好。这个时候有的老师只是一味斥责幼儿,有的老师只是提醒幼儿关好,有的干脆不闻不问,自己关掉算了。如果这时老师让幼儿在水龙头下放一个空杯,让幼儿亲眼看到数分钟后,杯子里的水就满了,明白滴水成多,时间一长,白白流掉的水也不知有多少呢?再结合有关地球资源的认识,效果会怎样呢?只有当幼儿真正理解了某些行为造成了直接和间接后果时,才会将规则“内化”为自觉的要求。

二、幼儿园班级一日活动常规管理的内容与要求

幼儿园班级一日活动常规管理包括建立生活常规、集体教学活动常规、游戏活动常规、户外活动常规(略)。

(一)建立良好的生活常规

生活常规是幼儿园为了培养幼儿良好生活习惯的养成和生活基本能力的提升,及确保幼儿健康成长而制定的幼儿园生活各环节的基本规则与要求。

幼儿园生活常规对幼儿每天生活活动的内容、时间、程序等均有明确的规定,使幼儿一日生活能保证在一定的节奏、一定的秩序和一定的规律中进行,有利于培养幼儿良好的生活习惯和基本生活自理能力,同时生活常规也是实现幼儿园教育目标的重要保证。

1. 来园接待及晨检

(1) 幼儿行为养成

① 能衣着整洁、高高兴兴地上幼儿园。

② 双手清洁,接受医务人员的体温检测。

③ 做好入园登记;不带危险品、零食入园。

④ 能向老师、同学问早、问好,能与家长说再见。

⑤ 能将外衣、帽子、书包等放在固定地方。

⑥ 双手轻拿、轻放小椅子,玩桌面游戏时,能保持安静,不随意走动,不影响别人。

(2) 教师常规工作要求

① 提前到园,开窗通风。让室内空气流畅、光线充足,做好室内外清洁卫生工作。

② 热情地接待幼儿。

③ 切记家长反映的特殊情况。

④ 观察幼儿来园状况,做到"一摸、二看、三问、四查",发现问题及时处理,如有异常及时与保健医生取得联系。需要注意的是,教师不可以通过翻看幼儿衣兜和书包的方式检查幼儿是否携带危险物品。一般来说,喜欢从家里带来危险物品的是个别幼儿,教师对此要心中有数。可以通过问幼儿或提醒家长的方式,以及注意在一日生活中观察孩子的行为,及时发现孩子的危险物品。这样做既是基于对保护幼儿隐私权的考虑,也是为培养幼儿隐私权利意识。

⑤ 组织幼儿桌面游戏,提醒幼儿做好简单的自我服务工作。

⑥ 准备好幼儿一日饮水,保证幼儿随时有温开水喝。

⑦ 做好晨检记录。

2. 盥洗活动

(1) 幼儿行为养成

① 能按教师的要求有序进入盥洗室,不推不挤,排队如厕、洗手。

② 逐渐掌握洗手、洗脸、漱口的正确方法。

③ 饭前、便后、手脏时能主动洗手。

④ 大小便能基本自理,有困难的能及时向老师说出大小便的需求。

⑤ 盥洗时不把水洒在地上,能保持地面干爽、清洁。

(2) 教师常规工作要求

① 组织幼儿排队,有序地进入盥洗室。

② 指导幼儿进行正确盥洗的方法,提醒幼儿手脏洗手,节约用水。

③ 幼儿如厕,要观察并给予幼儿帮助。

④ 盥洗后及时清洗厕所、水池,消毒毛巾。

⑤ 保持地面干爽、防滑。

3. 进餐

(1) 幼儿行为养成

① 餐前能先轻轻放好小椅子,然后洗手、擦干,安静入座。

② 正确使用勺子或筷子,能正确舀起(夹起)饭菜,送入口中。

③ 进餐时不讲话,细嚼慢咽,专心吃完自己的饭菜,尽量不挑食,不剩饭菜。

④ 注意桌面、地面整洁,注意衣服整洁。

⑤ 吃完后能按要求把餐具放在指定的地方。

⑥ 餐后用小餐巾擦嘴、倒温开水漱口。

⑦ 自己取水、喝水,学会排队等待。

⑧ 吃好午餐后能按要求进行散步或安静游戏,不乱走乱跑,不做剧烈、有危险的动作。

(2) 教师常规工作要求

① 进餐前40分钟安排幼儿安静地活动。

② 进餐前25分钟提醒幼儿收拾玩具、放好椅子。

③ 进餐前 20 分钟班主任带领幼儿进入盥洗室如厕、洗手，保育员负责清洁消毒餐桌，准备餐具。

④ 组织洗净手的幼儿回到指定位置，开始分发食物。

⑤ 照顾幼儿用餐，培养幼儿文明卫生的用餐习惯。

⑥ 进餐时，不拖地、不扫地。

⑦ 保育员整理餐具，进行地面、桌面等清洁消毒工作，指导幼儿将用过的饭碗、筷子、盘子等餐具有序摆放在指定的容器中。

⑧ 班主任协助指导幼儿漱口、擦脸，然后轻轻将椅子搬回原处。

⑨ 午餐后组织幼儿进行 10～15 分钟的散步、文学艺术欣赏等安静、轻松的活动，提醒幼儿按老师的要求做，外出时不要挤，不做剧烈运动。

4. 午睡及起床

(1) 幼儿行为养成

① 保持寝室安静，自己在床铺前面有序穿脱衣裤、鞋袜，整理好自己的衣物等，放在指定位置。

② 安静入睡，睡姿正确，不玩物品，不带小玩物上床，不和别人讲话，不影响别人。

③ 按时起床叠被。起床时，在老师的帮助下穿好衣服、鞋袜。

④ 起床后回到教室，保持安静，坐在自己的座位上，不随意到户外玩耍。

(2) 教师常规工作要求

① 睡前应提醒幼儿如厕。

② 提供温馨宁静、光线柔和、空气清新、温度适宜的睡室。

③ 幼儿上床前检查幼儿口袋里是否有异物。

④ 指导、帮助幼儿穿脱衣服，提醒穿脱的顺序与方法，鞋放在固定位置上；帮助幼儿盖被子，纠正不正确睡姿。

⑤ 随时检查睡眠情况，值班人员不得离岗；安慰入睡困难的幼儿。

⑥ 特别注意午睡期间起床如厕的幼儿的安全。

⑦ 认真观察幼儿午睡后的状况。

⑧ 指导或帮助幼儿整理衣裤、鞋袜，梳理头发。保育员打扫教室卫生并及时开窗通风换气。

⑨ 指导或帮助幼儿学习整理床铺被子，从小培养自己的事学着自己做，并且愿意帮助别人做事。

⑩ 提醒幼儿如厕，进行午睡后盥洗活动。

5. 离园

(1) 幼儿行为养成

① 能在教师指导下，进行安静活动。

② 能在家长来接时，收拾好玩具，在离开之前检查自己的衣柜，将脱下的衣帽带回家。

③ 走时能跟老师和同伴说再见，不独自离园。

④ 在家长来接后能及时离园，不在园内玩耍逗留。

⑤ 不乱吃小摊贩上的东西,不乱扔垃圾,讲究卫生。

(2) 教师常规工作要求

① 组织好幼儿进行安静活动,帮助幼儿稳定情绪。观察幼儿活动情况。

② 站在靠门的位置,防止幼儿偷偷离开教室。

③ 要严格确认接孩子的家长,若陌生人来接必须打电话联系家长确认。杜绝孩子自己回家,亲自把孩子交到家长手中,对生病和当天表现异样的孩子一定要告知家长情况。

④ 认真与家长交接,有计划地与家长交谈,简单交流幼儿在家、在园的情况,做好家园沟通。

⑤ 家长来接孩子时,要求幼儿收拾整理好玩具、放好小椅子后才可以离开。

⑥ 提醒家长将幼儿衣服、帽子带回家。

⑦ 要求幼儿养成向家长问好,向老师、小朋友说再见的习惯。要求家长及时离园,不给幼儿买小摊贩上的食物,讲究饮食卫生。提醒幼儿和家长不乱扔垃圾,保持幼儿园环境卫生。

⑧ 将迟接的孩子移交给值班老师。

⑨ 整理活动室环境卫生,按要求做好清洁消毒工作。

⑩ 检查水电安全,锁好门窗,做好防盗安全工作。

(二) 建立良好的集体教学活动常规

在组织集体活动时,幼儿要按照一定的要求,遵守集体活动规则,让他们明白自己不能扰乱集体活动,让幼儿从小知道生活在一个集体里,就要有一定的约束力,不能随心所欲。

1. 在集体教学活动中幼儿应该养成的行为

(1) 能注意力集中(能稳定在10～15分钟),有兴趣参加集体学习活动,愿意学本领,能认真听讲,按老师的要求去做。

(2) 坐姿自然端正,学会用正确的姿势和最安全的方式搬椅子。

(3) 在活动中能保持正确的坐、写、画的姿势,在教师或同伴的提醒下能自觉纠正不正确的姿势。

(4) 知道说话先举手的道理,得到教师允许后再发言。

(5) 能安静地听教师和同伴说话,不打断别人的话,不插话。

(6) 愿意协助教师准备学习用具、材料;学会正确使用和爱护各种学习用具、材料;用完后在教师的指导下学习收拾和整理学习用具、材料。

(7) 掌握正确的与同伴交往的技能,能和同伴商量或讨论教师提出的问题或要求;学会和同伴共同使用学习用具、材料。

(8) 知道珍惜自己和别人的活动成果,学习正确评价别人和自己的作品。

2. 在集体教学活动中教师的工作要求

(1) 选择合适的教学内容和生动有趣的教学方式,能吸引幼儿的注意力。

(2) 能根据幼儿年龄特点控制好时间,避免幼儿大脑疲劳。

(3) 做好教育活动前的准备工作;教具、学具等材料安全无毒;课前能稳定幼儿情绪,教幼儿听信号坐好。

(4) 能正确、全面地贯彻教育工作原则，灵活运用多种教育形式和方法，要注意观察了解幼儿，有不同层次的要求和指导。能以幼儿为主体，面向全体幼儿，让幼儿充分运用感官，动脑、动口、动手，启发幼儿学习积极性、主动性和创造性。

(5) 要注意教育过程中的启发性指导和随机教育、个别教育。

(6) 衣着打扮符合幼儿教师的职业特点，教态亲切自然、情感真挚。语言清晰、简练、准确、规范、生动形象。

(7) 注意幼儿说话、唱歌的声响，保护幼儿声带。

(8) 教育活动后效果检查。活动结束后要记载和分析幼儿的学习情况和活动成功或失败的原因，以总结经验，积累资料，不断地改进教育方法，提高教育水平。

(9) 作品保存。绘画、手工等作品要注明幼儿姓名、班级、日期、主题。

（三）建立良好的游戏活动常规

《幼儿园教育指导纲要(试行)》中指出："尊重幼儿身心发展的规律和学习特点，以游戏为基本活动。"游戏是幼儿最喜欢的活动，也是幼儿园对幼儿实施教育的主要形式。

幼儿喜欢游戏，游戏中过于投入不能控制自己的情绪或不能控制玩游戏的时间，因此，教师要针对不同的游戏提出具体的要求，达到游戏学习的效果。

1. 在游戏活动中幼儿应该养成的行为

(1) 学会轻拿轻放玩具、材料。

(2) 游戏中注意自身安全，不伤害伙伴。

(3) 游戏结束后要学习物归原处。

2. 在游戏活动中教师的工作要求

(1) 为幼儿准备安全无毒、清洁卫生、数量充足的游戏材料与玩具。

(2) 加强安全教育，引导幼儿在游戏中增强自我保护意识，注意幼儿游戏安全。

(3) 指导幼儿学习自己收拾玩具、清理场地。

(4) 玩具每周定期清洁、消毒。

培养幼儿一日常规要建立平等的师生关系，创设宽松的环境氛围；要符合孩子的年龄特点，提出合理的规则要求；要为幼儿创造充分的锻炼机会，让幼儿在实践中体验。培养幼儿一日常规要有教师示范的引领，培养工作要坚持不懈。教师之间要密切配合，做好家长的思想工作，形成教育合力。只有这样，才有利于幼儿良好行为习惯的养成。

三、班级一日常规管理的方法

由于幼儿的年龄不同，其身心发展的水平也不同，所以每个年龄班都存在着很大的差异。各年龄班特点不同，带班的方法也不同，带不同班应采取不同的管理方法。

（一）小班一日常规管理的方法

对于3周岁的幼儿来说，进入幼儿园是其接触社会的第一步，幼儿期是奠定其自身发展最关键的时期，好的行为习惯的养成将决定幼儿终身的行为。

1. 小班生活常规管理的方法

（1）故事法。通过有趣的故事情节引导幼儿学习常规。喜欢听故事是每一个幼儿的天性，尤其是生动、有趣的故事更加能够激发幼儿学习的兴趣。把常规教育的要求、内容等融入故事中，让幼儿通过故事理解常规教育的内容，并按照故事情景中展示的正确方法学会如何去做。例如，某个幼儿在其他幼儿午休的时候总是在说话，影响其他幼儿正常午休，这时老师可以给他讲《爱唱歌的小麻雀》的故事。在森林里当其他的动物都在休息的时候，其中有小麻雀还在叽叽喳喳地叫，引起了其他动物的不满，其他动物就不愿意和小麻雀交朋友了。让幼儿在故事中明白当其他小朋友在休息的时候，自己就不能够说话了。

（2）标记法。利用图案、照片、文字等幼儿熟悉的标记帮助幼儿遵守常规。例如，在区角活动时，为了限制进入某个区角活动幼儿的人数，教师经常在区角的入口处的地面上帖上脚印，提示幼儿遵守规则。幼儿看到脚印就知道应该脱掉鞋子，把鞋子放在脚印上，如果脚印上放满了鞋子，说明该区角里已经满员，其他幼儿就不能再进去了。

（3）游戏法。幼儿喜欢在有趣的活动中接受教育，而游戏则是对幼儿进行常规教育的良好手段。例如，通过智力游戏“谁来了”加深幼儿对班级老师的认识，增进与老师的感情；在“娃娃家”游戏中幼儿可以练习“穿脱衣服”的顺序和方法，练习洗脸、洗手的方法等。

（4）儿歌法。在对幼儿进行生活常规教育时可以经常使用儿歌来引起幼儿的兴趣，熟记常规。例如，在洗手的时候可以教幼儿一边洗一边念儿歌：“搓搓搓，搓手心，搓搓搓，搓手背，换只手再搓搓，甩三下，一二三，关好水龙头，擦干手指头。”这样幼儿根据儿歌引导的步骤在不知不觉中完成了洗手的任务。

（5）奖励法。小班幼儿对于诸如小红花、小印章、小笑脸、金苹果等直观的奖励方式非常感兴趣，我们在对幼儿进行生活常规教育时可以通过奖励来巩固常规。例如，在班里设立“我学会了”专栏，把每个小朋友的照片贴在专栏里，并根据一个阶段的生活常规教育要求进行评价记录。如小朋友学会了自己吃饭、不挑食了，就在吃饭的那一栏里帖上一朵小红花，小朋友能遵守睡觉的规则了，就在睡觉那一栏里帖上小印章等。这样既记录了幼儿的表现，提高了幼儿的自信心，又利于对幼儿遵守常规的培养。

2. 小班教育常规管理的方法

（1）教育内容的选择要多样化。多样化的环境、丰富的材料、各异的形式可以激发幼儿探索未知的兴趣，促进幼儿主动性发展。

小班幼儿的思维处于由直觉性的思维向具体形象思维的过渡阶段，一些知识的获得依旧需要通过具体操作材料，借助摸、尝、闻、听、看等途径习得。因此，教师可以根据幼儿的自身发展特点，在相应的活动中投放可以供幼儿选择的材料，以促进幼儿各方面能力的发展。例如，多提供一些颜色鲜艳、体积较大、重量较轻的成型实物玩具供小班幼儿进行角色游戏，以引起幼儿的兴趣，引发游戏的主题。

（2）注重潜移默化的渗透教育。可以借助故事、儿歌等幼儿喜闻乐见的形式对幼儿进行渗透教育，而不单纯地告诫幼儿应该怎样做、不应该怎样做、可以怎样做、不可以怎样做等。例如，在小班幼儿体育活动中，单纯地跑、跳等动作的学习对于幼儿来说是乏味的、枯燥的，无法吸引幼儿积极地参与，而小朋友们对于“老狼老狼几点啦”的游戏活动玩的很感兴趣，教师可以利用这个游戏对幼儿进行跑、跳、转身、躲闪的动作练习。

(3) 抓住机会随时随地的教育。小班幼儿在认知过程中，容易受外界事物和自身情绪情感的支配，注意力容易转移。因此，教师的教育设计要随幼儿的兴趣以及反映进行适时的调整，抓住教育契机，进行随机教育。例如，在冬天，外面开始下雪了，幼儿对雪的兴趣远远超过了设计好的教学计划，这时教师就要随机改变计划，让幼儿仔细地观察雪花的形状、颜色等，在此基础上启发幼儿利用材料动手制作出雪花的形状，这样既可以满足幼儿的好奇心，又可以顺利展开与之相关的教学活动。

（二）中班一日常规管理的方法

中班是幼儿园教育的关键阶段。中班管理在幼儿园教育中起到承上启下的作用，是幼儿身心发展的重要阶段，是幼儿行为养成的关键时期。中班幼儿不像小班幼儿那样听话，也不像大班幼儿那样懂事。因此，在对中班一日常规管理中要充分考虑幼儿的兴趣、爱好、需要，为幼儿创设良好的教育环境，并加以正确的引导。

1. 中班生活常规管理的方法

中班幼儿自我服务能力明显提高，生活处理能力增强，穿衣服、吃饭等简单动作不再需要成人帮助，他们有了很强的为他人、为集体服务的意识，愿意承担教师布置的任务并努力去完成。中班幼儿爱告状、攻击行为严重，致使班级冲突性行为较多。对中班幼儿生活常规的管理一般可采取以下方法。

(1) 榜样引导。教师在班级管理的过程中可以利用具体的健康形象和成功的行为做示范，来引导和规范幼儿的行为。例如，教师可以让在某生活常规方面表现好的幼儿进行示范，引导其他幼儿学习，并努力赶上。通过榜样引导来调动幼儿的积极性，使全班幼儿的行为都有所提高。

(2) 规则约束法。有些幼儿在家里时受家人的不良生活习惯的影响，对生活常规的认识不清，行为缺乏正确的引导和规范。例如，有的幼儿一边吃饭一边说话，在他们的意识里并不了解正确的进餐要求。因此，教师应该在进餐时告诉幼儿养成文明的进餐习惯以及细嚼慢咽，吃饭时不许发出声音，不用手抓饭菜，不挑食等良好行为。

(3) 行为练习法。对中班幼儿可采用行为练习法，有针对性加以训练，帮助幼儿养成良好的习惯，纠正不正确的行为。以有趣的活动吸引幼儿的注意力，为幼儿安排好各环节活动，确保幼儿的活动秩序，降低攻击性行为的出现，以减少幼儿间的冲突。

(4) 表扬激励法。在幼儿表现出较为满意的行为时，教师应该及时给予鼓励和表扬，使其行为强化进而巩固下来。

2. 中班教育常规管理的方法

中班幼儿的注意力、观察力及语言表达能力都有明显提高，游戏活动更丰富，与同伴交往的能力更强，初步的责任意识和任务意识开始萌芽。教师要为幼儿提供创造的空间和条件，通过各种教育活动，帮助幼儿掌握教育常规，并逐渐形成自觉的行为。教师给幼儿提出的要求要具体、明确，并要坚决执行，达到教育的一贯性和一致性。对中班幼儿教育常规的管理一般可采取以下方法。

(1) 把教育常规与生活常规相结合。中班幼儿责任意识和任务意识开始萌芽，教师在对幼儿的教育活动中,要注意把教育常规与生活常规结合起来,并突出生活实践的重要性。例如,某乡中心幼儿园中班的老师每周都会有两天的时间带孩子们到大自然中玩耍,在土里挖几个坑,分别将塑料袋、纸、玻璃、果皮等埋入,几周之后再过来看有什么变化,据此对孩子们讲解土地可以或不可以吸收哪些垃圾。如土地不会吸收玻璃,而且会伤害到人和动物的脚;太阳光反射聚焦还会引起火灾,所以不可乱扔玻璃垃圾。这种通过实践的方式教育孩子们保护环境的重要性,便于孩子接受,比简单的说教效果好,达到教育的一贯性和一致性。

(2) 采用多种活动形式渗透规则。教育常规的掌握是在从事教育活动中进行的,离开了教育活动,单纯记忆教育常规是毫无意义的。教师要在教育活动中采用多种形式渗透规则,使幼儿在活动中规范自身的行为,不断加深对规则的认识和理解,以便形成良好的行为习惯。例如,教师可以根据活动游戏的需要,由幼儿参与制订游戏的规则,这样就加深了幼儿对规则的认识和理解,在行动中对规则的执行就会更加自觉。

(3) 有效地利用各个教育环节对幼儿进行教育,建立幼儿教育常规的评价体系。

(三) 大班一日常规管理的方法

大班幼儿精力更加旺盛,接受能力不断增强,学习能力明显提高,并表现出各自不同的风格和个性差异。大班幼儿已经从"主观自我"向"社会自我"转化,从对自己关注、认识发展到对他人、对自己社会角色和所属集体的认知。

1. 大班生活常规管理的方法

(1) 引导幼儿萌发自我管理意识。意识指挥行动,萌发幼儿自我管理意识是培养其自我管理能力的关键。一般来说,幼儿有无自我管理意识与教育密切相关,如果教师不注意培养幼儿自我管理意识,他们则很难自己形成管理意识。例如,有的幼儿在吃完饭后会主动将碗筷摆放到盆里,自觉地擦嘴、洗手。可有的幼儿只会被动地等待,老师不说他就不知道应该干什么。显然,前者有较强的自我服务、自我管理意识,他们不是消极地等待,而是主动管理自己的行为。而后者根本没有意识到应该对自己的行为进行管理,似乎这些事都不应该自己做,故显得消极被动。

(2) 让幼儿提前了解一日活动安排。生活管理对于大班幼儿来说是一种有意识的活动,它是主动、自觉的行为,不是在别人的监督、强迫下完成的。教师在每天早晨可向幼儿介绍一日活动内容的安排,并引导幼儿为一日活动做好准备和计划,这样有利于幼儿学习管理自己的行为、自己的生活、自己的物品、自己的语言等,逐渐形成良好的生活卫生习惯。

(3) 利用"值日生"工作,培养幼儿良好的规则意识。在大班开展"值日生"工作,不仅能让幼儿自身获得成就感,体验自己在集体中的价值;也能让幼儿学会正确处理自己与集体之间的关系,意识到自己是集体中的一员,应该遵守集体规则与纪律,增加责任感;也能为应对将来小学的值日生工作做好准备。

2. 大班教育常规管理的方法

(1) 将教育的要求转化为幼儿的需求。大班幼儿已经能够用自己的经验来解决问题,有时会对教师的严格管理产生逆反心理,有时无论教师如何提醒,甚至喊叫,幼儿对此都无所谓，装听不见，无动于衷，因为他们认为教师的想法与自己没有关系。例如，在教师组织集体教学时，有的幼儿偶尔会不听教师讲，而专注于自己的事情，幼儿认为自己现在做的事情是最重要的，所以老师讲的事情幼儿一点也听不进去，也吸引不了他的注意力。这时就需要教师将教育的要求转化为幼儿内在的需求，解决教育常规管理中的问题。

(2) 常规要求和探索活动相结合。大班幼儿的知识面不断扩大，语言表达能力、接受能力明显增强，他们对许多事情都表现出强烈的兴趣，已不满足于“是什么”问题的回答，更注重对“为什么”问题的回答。教师要从他们的兴趣、爱好和需要出发，为他们提供良好的教育环境，加强支持与引导，幼儿自己能够做的，就让幼儿自己去做。幼儿自己能够想的，就让幼儿自己去想。

(3) 常规要求与幼小衔接相结合。幼儿园教育是基础教育的重要组成部分，是我国学校教育和终身教育的基础，大班幼儿要做好入小学的准备，就要把常规要求与幼小衔接相结合，在生活环境布置、活动形式和要求、师生关系、教学方法方面做出相应的调整。还可以与小学建立联系，带幼儿到小学去参观，让他们与小学生接触，了解小学生的学习与生活，并让小学教师了解幼儿园的教学，以此缩小幼儿园与小学之间的差距。

6.1 一日生活制度建立与发展

案例分析

某幼儿园班级环境布置上有一个“我的闪光点”专栏。这一专栏每周记录一次，记录的内容涉及幼儿的方方面面。有孩子用绘画的方式记录自己近一段时间所取得的进步，班级教师将孩子记录的内容进行说明，把记录的情况张贴在走廊上，便于孩子之间相互观察和家长及时了解孩子的最近发展情况；有的孩子记录了自己书写的数字第一次得到五角星；有的孩子记录自己做操当上了“小小老师”；还有的记录自己哪一天吃饭又快又好。这样一个专栏出来后，受到了家长的极大好评和鼓励，成了家长和老师沟通的一个良好工具。

分析：在这个案例中教师通过设立这样一个专栏，引导幼儿进行自我评价，让孩子之间相互观察，相互评价，起到强化作用。评价注重孩子的年龄特点，操作简单、形式有趣，引领幼儿享受参与评价的乐趣，使幼儿成为评价者的同时成为被评价者，在注重个体主体性发挥的同时，兼顾到了班级的整体，让其他小朋友看到他人的优点，起到强化作用。同时教师也合理地利用了班级的良好资源、教室的良好空间环境，以及幼儿自身、家长互动等条件，全方位贯穿运用了物质、时空等因素来使每个幼儿参与评价活动，接受教育、夸奖、批评等，发挥自身主动性。因此，很好地体现了幼儿园班级管理的主体性、整体性的原则。

案例讨论

某幼儿园，每到冬季班上总有几个孩子迟到，有时教师正在组织集体教育活动，家长突然领着孩子推门而入。教师不接待幼儿不行，但接待幼儿又会中断正在进行的活动，尤其是当教师与幼儿正在身心投入地表演时,幼儿的情绪刚刚调动起来,会被突然打断,再调动幼儿的情绪非常困难。尽管教师多次提醒,但是家长总是以各种理由应对。

问题:对案例中反映出的幼儿园班级管理的问题进行分析,并提出解决幼儿迟到问题的策略。

思考与练习

1. 幼儿园班级管理的含义。
2. 幼儿园班级组织的功能。
3. 幼儿园班级管理的原则。
4. 小班生活常规管理方法。
5. 中班教学常规管理方法。

实践与训练

项目:幼儿日常生活活动的组织观察与分析。

内容:调研幼儿园在幼儿用餐、喝水、盥洗、如厕时的组织情况。

要求:

(1) 以小组为单位,到一所熟悉的幼儿园观察保教人员如何组织幼儿用餐、喝水、盥洗、如厕的,并做好记录。

(2) 观察记录班级幼儿在用餐、喝水、盥洗、如厕时的具体表现,并简单分析原因。

(3) 记录班级保教人员对在用餐、喝水、盥洗、如厕时存在问题的幼儿采取的保教策略。

(4) 小组讨论、分析保教人员保教策略的得失,写出对解决这些问题的想法。

第七单元 幼儿园安全管理

学习目标

1. 理解幼儿园安全管理的含义。
2. 了解幼儿园安全工作管理的内容与要求。
3. 了解幼儿园常见安全事故及预防。
4. 理解幼儿园安全法规和幼儿园责任事故划分的相关知识。
5. 对一些常见的幼儿园安全问题具备基本的分析和处理能力。

课程导入

某园4岁的小女孩晶晶(化名),被陌生人从重庆市某幼儿园带走后,摧残得浑身是伤。记者从有关方面获悉,小女孩的父母已将幼儿园起诉到重庆九龙坡区法院,要求其赔偿精神损失费及医疗费8万余元。据了解,当年5月24日下午5时许,晶晶的父亲唐某去幼儿园接女儿时,却接了个空。唐某找到值班老师询问,老师也一脸茫然。经老师仔细回忆和在幼儿园四处查询才回忆起晶晶尚未放学时,就被一名自称“叔叔”的男子接走。

《幼儿园教育指导纲要(试行)》明确指出:“幼儿园应该把保护幼儿的生命和促进幼儿的健康放在教育工作的首要位置。”幼儿园人群的主体是心理和生理都远远没有达到成熟水平、自我保护能力和意识都相对比较弱的学前儿童,这些学前儿童的健康成长,有赖于幼儿园为他们提供一个能够确保人身安全的成长环境,这是一切保教工作的前提,所以,幼儿园要做好安全管理工作。

第一节　幼儿园安全管理概述

一、幼儿园安全管理的含义

安全即平安而完好,可以理解为主体能够维持其本来面貌,按照其固有规律向前发展,而免于受到妨碍和损害的状态。

安全管理是指采取措施排除危险的活动过程。可以理解为在人的主观意识的支配下,基于对特定主体安全状态的判定,进而采取措施,力求将可能妨碍和损害主体固有状态和发展趋势的事件的可能性和危害程度,降低到可接受程度的活动过程。

幼儿园安全管理是指幼儿园管理者采取有效措施排除和控制幼儿园环境及幼儿活动的安全隐患,降低事件发生的概率和危害程度,为在园幼儿提供安全和健康的成长环境的活动过程。

任何安全管理措施都无法完全杜绝不安全事件的发生,幼儿园安全管理措施也不例外。幼儿园安全管理一方面是将事件发生的概率控制在可接受的程度,另一方面是将事件的危害程度控制在可接受的范围。例如:幼儿园对幼儿上下楼安全的管理,在楼梯间设置适合儿童高度的扶手,地面做防滑处理,教育孩子们上下楼要靠右缓慢行走,不能相互推挤,同时在幼儿上下楼时安排教师看护。尽管如此,却仍然不能完全避免楼梯间的摔倒事故,但是这样做可以降低发生摔倒事件的概率。再如,年幼的孩子在走路和奔跑时难免会摔跟头,幼儿园如果对室内物体的凸出部分做了相应处理,把方形桌子换成圆形桌子,边缘尖硬凸出部分换为柔和的线条和材质,即便儿童摔倒并发生碰撞,也能够使碰撞损伤程度降到最低。因此,幼儿园安全管理要逐步做到精细化。

7.1 精细化安全管理

二、幼儿园安全管理的内容

《中小学幼儿园安全管理办法》中指出,加强中小学、幼儿园安全管理旨在"保障学校及其学生和教职工的人身、财产安全,维护中小学、幼儿园正常的教育教学秩序"。幼儿园安全管理的任务就是要通过有效的措施维护幼儿园正常的教育教学秩序,为在园幼儿体、智、德、美诸方面的和谐发展,为在园教职工的安全和健康提供基础保障。

为了实现幼儿园安全管理的基本任务,需要考虑多方面的管理内容,《中小学幼儿园安全管理办法》在明确相关管理主体职责的基础上,着重对校内安全管理制度、日常安全管理、安全教育、校园周边安全管理、安全事故处理等做了详细规定,为幼儿园开展安全管理工作提供了很好的法律依据。

在幼儿园的实际工作中,不安全事件可能发生在幼儿一日生活的某个环节,危害源多源于活动组织、食品、药品、玩具器材、仪器设备、恶意人群、自然灾害等。因此,幼儿园安全管理内容可划分为环境、卫生保健、膳食营养等几个方面。

三、幼儿园安全管理的要求

（一）建立健全安全管理制度

幼儿园每一项管理工作都需要相应的制度作为保障，建立完善的安全管理制度并切实执行，是幼儿园安全管理工作顺利进行的有力保障。幼儿园应依照《中小学幼儿园安全管理办法》和幼儿园的安全管理工作实际，建立健全安全管理制度。如《安全责任制度》《专项安全管理制度》《安全会议制度》，建立安全预警机制、突发事件应急预案等。

（二）强化全体教职工的安全意识

幼儿园安全工作涉及全园各个部门，因此，要提高全园教职工的安全意识，形成全园重视安全工作的局面。园领导及各部门负责人应注意随时监督、提醒教职工做到人到心到，不撤离岗位，严防意外事故的发生。

（三）清除环境中的不安全因素

幼儿园内的教育活动设施、设备上的不安全因素，是造成幼儿意外伤害的原因之一。要注意设备、设施的经常性维修、检查，控制环境中的不安全因素，将园内不安全因素降至零，事先预料可能发生的危险，加强防范，保证幼儿的安全。

（四）重视组织幼儿活动中的安全问题

时间、空间，组织不当是幼儿活动中的不安全因素。给予幼儿的时间不够，仓促、匆忙容易造成意外，而足够的活动空间可以避免因拥挤、幼儿相互碰撞发生意外。活动中教师组织不当，秩序混乱也容易发生意外。因此，要重视幼儿活动组织的安全问题，给幼儿提供充足的活动时间、空间，加强幼儿活动常规的培养，形成和谐有序的环境气氛。

（五）培养幼儿的自我保护能力和安全意识

好奇、好动、好探索是幼儿的天性，不能因重视幼儿的安全而限制、禁止幼儿的活动，因噎废食，消极防范，是不可取的。应该在重视环境和组织工作安全的前提下培养幼儿的自我保护能力和安全意识，加强幼儿安全常规教育，从根本上做好幼儿园的安全工作。

（六）加强家园合作

幼儿园要加强与幼儿家长的合作，共同承担起保护幼儿安全的重任。

1. 家长自身要重视孩子的安全

在幼儿园的伤害事故中，有些案例反映出家长对幼儿安全的忽视。例如，有的家长送孩子上幼儿园，根本不将孩子送到老师的手中，而是送到幼儿园门口就离开了；孩子在家长的看护下在幼儿园玩大型玩具时，明显的危险动作家长却不阻止……这些都会造成孩子受伤，因为这个年龄段的孩子缺少安全的意识，所以家长首先要重视孩子的安全。

2. 将安全作为选择幼儿园的重要条件

现在一提到孩子选择幼儿园，家长首先想到的就是幼儿园能让孩子学到多少东西，很少听到有家长将安全作为选择幼儿园的重要衡量指标的。其实，幼儿园的安全、孩子的身体健康是最重要的。选择幼儿园可以看它是否尽可能地在细节之处考虑到保障孩子的安全，如幼儿园的户外场地的地面是否平整、玩具是否安全；幼儿园是否有严格的接送制度；教师在孩子活动时是否仔细照顾孩子等。

3. 加强对孩子身体的训练

许多时候，孩子的意外受伤是由于大动作发展不协调造成的，为了避免孩子受伤而减少或不许孩子参加运动是得不偿失的。只有让孩子更灵活、协调、强壮，才是预防孩子受伤的最好办法。家长可以经常带孩子到户外玩各种体育游戏，锻炼其跑、跳、钻、爬等动作，还可以带一些孩子喜欢的器械，如皮球、自行车、跳绳、沙包等，和孩子一起玩，同时教给孩子玩这些器械的注意事项。

4. 在日常生活中对孩子进行安全教育

孩子的安全意识不是一朝一夕就可以形成的，这需要在日常生活中不断学习、练习。首先，要让孩子知道哪些事是可以做的，哪些事是不能做的；哪些地方是安全的，能去，哪些地方是危险的，不能去；远离手持危险物品的同伴等。孩子的安全需要家长悉心的守护，也需要家长循循善诱的教育。

第二节　幼儿园常见安全事故及预防

一、幼儿园常见安全事故类型

造成幼儿园安全事故的直接原因有：因外来的侵害造成幼儿被冒领接走、绑架、伤害等；因幼儿自身原因导致走失，或在游戏、打闹时造成事故的发生；因教职工恶意行为和过失行为造成幼儿被绑架、砍伤，或发生火灾、食物中毒、烫伤等；因设施不良造成幼儿损伤；因家长原因造成安全事故；因幼儿园组织外出活动管理不当造成安全事故等。造成幼儿园安全事故的间接原因主要与幼儿园制度不完善、管理不严，教职工责任心差，幼儿自我保护意识和技能缺乏等有关。

1. 幼儿游戏时受伤造成的安全事故

这种情况一般都是由意外事故引起的，即使教师在现场，幼儿的伤害也往往是不可避免的。幼儿在活动中很难对自己的行为进行有效的控制，活动时不小心绊倒、相互之间碰撞以及其他的伤害都是不可避免的。但幼儿园如果没有尽自己的义务，就很难证明自己是没有过错的。

2. 因教学设施引起的安全事故

滑梯、攀登架、小城堡、海洋球、蹦蹦床、秋千等大型玩具年久失修，存在着安全隐患，一旦发生事故，幼儿园必须承担相应的责任。幼儿园如未及时更换已经陈旧老化的器械，形成事故隐患，而教师又未发现存在的问题，就很容易发生事故。此外，幼儿园园舍中楼房占大多数，教室、楼道、走廊、上下楼梯也是容易出事故的地方。

3. 儿童走失

儿童走失属幼儿园严重事故。儿童走失是幼儿园管理的失误，是幼儿园未尽看管之职。儿童在幼儿园期间（指幼儿从踏入幼儿园门到离开幼儿园这段时间），教师应该像家长一样看管幼儿。幼儿离园必须经教师同意，或者幼儿家长的许可。

4. 由于体罚和变相体罚幼儿所致

体罚是指教师的行为造成幼儿人体损害的一种行为。广义的体罚还包括变相体罚，如罚蹲下起立、罚站、罚跪等。

5. 幼儿被他人接走

由于幼儿园管理制度有漏洞，造成幼儿被他人接走。

6. 外来人员侵入

幼儿园的门卫制度不严，外来人员容易趁人不备，溜进幼儿园，造成损失。

7. 幼儿园组织校外活动引发事故

幼儿园外出活动，如果组织不够严密，教师麻痹大意，偶发事件将会不期而遇。

8. 幼儿自身原因所致

幼儿自身原因是指由于幼儿的特殊疾病造成的伤害。如幼儿先天患某种疾病、体质弱、身体残疾等。很多场合下是由于幼儿身体的状况而产生的，幼儿园、教师所实施的教育教学方式并无不妥，而不同幼儿的心理承受能力有所不同，有些幼儿可能会因为教师的管理方式不适合自己而受到心灵的伤害。

9. 幼儿园网络舆论危机

信息技术的应用，网络在带给人们日常工作和生活便捷的同时也暗藏着各种意想不到的危机。这种无形的危机容易在很短的时间内通过网络扩散的方式将幼儿园推到舆论的风口浪尖，幼儿园经常措手不及，陷入被动的局面。

10. 火灾和自然灾害

火灾和自然灾害对幼儿园安全影响是最严重的，造成的损害也是不可估量的。对于火灾和自然灾害要做好防范预案的准备和演练工作。

二、幼儿园安全事故的分析与预防

（一）外来侵害造成幼儿被冒接、绑架、伤害等事故

目前幼儿园在接送孩子环节存在不少隐患：有的是门卫管理不严，外来人员趁家长接孩子时人多混进幼儿园内；有的幼儿园只认接送卡不认人，外来人员拿着捡到或偷来的接送卡将孩子冒领；有的是别有用心的亲戚或熟人骗领孩子，教师易放松警惕，因此种种造成了幼儿伤害事故。

对此类安全事故的预防措施如下。

(1) 幼儿园要实行接送卡制度,必须由固定接送人持卡接送,卡上只标明班级代码和幼儿编号,不出现幼儿姓名和照片,以防被对应冒领。

(2) 对于非固定接送者来接孩子,包括亲戚、朋友,教师要多加注意,无论是否有卡,都必须与原固定接送者取得联系(如打电话),并得到许可后方能让其接走。

(3) 门卫应是50岁以下强健男性,经过安全保卫技能培训,并严格执行门卫制度。家长接送孩子时必须站在门口把关,无接送卡的人拒绝进园,对陌生人要严加查问,严防可疑人员进入。必要时还可预备一些防卫的器械,如电警棍、木棍等。

(二) 幼儿自身原因导致走失,或在游戏、打闹时造成的事故

(1) 由幼儿自身疾病(如癫痫、心肌炎等)引起的事故。在教师不知情的情况下,没有采取积极的预防措施和针对性的救治。

对幼儿自身疾病类安全事故的预防措施如下。

① 幼儿园可在孩子入园前与家长签订协议,要求家长不得隐瞒幼儿曾患过的哮喘、癫痫、心肌炎、过敏等较严重的疾病,否则一旦幼儿旧病复发,因不能及时获得针对性的救治而产生不良后果,责任应由家长自负。

② 教师对身体状况较差的幼儿随时注意观察,给予适当的照顾。幼儿园还应组织教师进行"应急抢救"知识的培训,一旦幼儿病情发作,教师就能在第一时间恰当地抢救处理,为救助幼儿生命赢得宝贵的时间。

(2) 幼儿走失。多数情况是幼儿初入园时情绪焦虑,为逃避集体生活,乘人不备独自出走回家,途中迷失;或是自感在幼儿园受了挫折而独自出走;也有在幼儿园组织的郊游等外出活动时游离集体而走失等。

对幼儿走失类安全事故的预防措施如下。

① 针对幼儿初入园时易出走迷失的情况,教师在孩子入园前应通过上门家访、组织亲子活动等详细了解孩子各方面的情况,创造尽量多的机会和孩子相处,让孩子消除陌生和不信任感。

② 在开学后的一个月左右的时间内,教师要经常清点幼儿人数,认真做好交接班工作,门卫要特别提高警惕,防止幼儿外溜。

③ 针对孩子受挫后易出走的情况,教师对易走极端的幼儿要注意及时地安抚、疏导,抑制其出走的苗头。

(3) 幼儿在游戏时受伤。幼儿在活动中很难对自己的行为进行有效地控制,如不小心绊倒、相互碰撞等。这种意外的伤害,即便教师在现场也是较难避免的。

对幼儿受伤类安全事故的预防措施如下。

① 教师应对将要做的游戏有充分的估计,如游戏跑动较多,活动量较大,就应选择较宽敞的场地,且最好是软地垫的。

② 游戏前可和幼儿一起说说该游戏的危险之处,让幼儿有意识地控制、保护自己。

(4) 幼儿间的打闹冲突。多数是幼儿间争抢玩具等类似原因而发生矛盾冲突,教师没有及时制止而造成的。

对打闹冲突类安全事故的预防措施如下。

① 教师应采用故事表演等幼儿喜闻乐见的形式，教育幼儿要谦让和宽容，懂得分享是快乐的，要遵守规则，减少矛盾冲突。

② 教师要善于观察，幼儿间发生打闹应及时介入，帮助幼儿化解矛盾，将打闹伤害事故消灭在萌芽状态。

（三）教工恶意或过失造成幼儿被绑架、受伤，或火灾、食物中毒等事故

1. 恶意伤害

有的教工（特别是临时工）思想动机不纯，为了钱财铤而走险，不惜拿幼儿的人身安全作代价；有的是曾经患有精神分裂症，一旦病情发作，难以自控，伤及无辜的幼儿。

对恶意伤害类安全事故的预防措施如下。

（1）招工时必须对其进行全面调查，包括家庭状况、社会关系、工作经历、身体状况等，以保证所招职工身心健康。

（2）加强师德修养的学习与培训，培养热爱幼儿、热爱幼教事业的情感。

（3）园领导要关心教职工的生活，经常沟通，了解他们的思想状况，帮助他们解决实际困难。

2. 火灾

幼儿使用的桌椅、教玩具、被褥等都是易燃品；有的幼儿园内装修用的建筑材料也是易燃可燃的；厨房、液化石油气储存间、烧水间等与幼儿园活动场所相连；电热板、饮水机等电器工作时间过长等都属于火险隐患。

对火灾类安全事故的预防措施如下。

（1）层层签订消防安全责任书，明确每个岗位消防安全责任，以增强全体教职工的责任心，严格执行有关的消防安全制度。

（2）幼儿园内装修要符合《建筑内部装修设计防火规范》的有关规定，采用不燃或难燃材料。

（3）要有专人管理火源和电源。厨房、液化石油气储存间、烧水间应当严格按专业管理部门要求建造。由正式电工管理电器线路，定期检查。

（4）要加强对幼儿的消防安全教育。利用生动活泼的形式对幼儿进行防火知识教育，并教会其基本的自救逃生知识，经常组织消防疏散演习。

（5）加强对教职工的消防安全培训，达到人人会使用灭火器材、会扑救初起火灾、会组织幼儿疏散逃生的要求。

3. 食物中毒

幼儿园内中毒事故原因较复杂，如农药残留、进货变质、清洗不过关，容器消毒不到位、菜烧煮不熟，炊事员个人卫生不合格、人力因素（如投毒）等。

对食物中毒类安全事故的预防措施如下。

（1）厨房的格局设施必须严格按卫生防疫部门的要求设置。

（2）专人负责管理食堂。

(3) 严格禁止非食堂工作人员出入食堂。

(4) 把好进货关,必须到正规渠道采购食品,并向商家索要该批次食品的卫生检验合格证,严禁不符合卫生要求的食品入园。每天必须将食物留小样,以备事故发生后待查。

(5) 豆浆、刀豆等食物必须煮透烧熟,防止中毒。

(四) 教学设施原因引起的事故

1. 设备陈旧引起的事故

有的幼儿园设备(如滑梯、攀登架等)陈旧、老化,年久失修,存在安全隐患,教师又未尽注意义务,未及时发现存在的问题,就很容易发生事故。

对设备老化陈旧引起的安全事故的预防措施如下。

(1) 对设备陈旧的安全隐患防范。首先必须建立设备器械检查制度,定专人定期检查,并及时做好检查记录。

(2) 要定期请专业人员检修、保养,对于陈旧、老化的器械,要坚决更换,舍得花钱买平安。

2. 楼房楼道引起的事故

幼儿园校舍中楼房占大多数,楼道、走廊、楼梯等也是事故易发地。

对楼道等易出事故的地方,要设置警示标志,如在楼梯两边画小脚丫以暗示按秩序走。教育幼儿在楼道等较危险的地方不奔跑、拥挤、攀爬,否则会带来怎样的严重后果。

3. 教室及器材设施引起的事故

教室里的桌椅、柜子边角尖锐,设计不合理,室内摆放拥挤等对幼儿都具有潜在的危险。所以要做好教室及器材安全检查和维护。

(1) 定期对教室中的所有器材进行安全检查,确保没有损坏或磨损的部分。大型玩具的造型要适合幼儿年龄特点,并且每周检查一次,发现隐患立即停止使用,及时修复。

(2) 清除玩教具的不安全因素。器械边缘要圆滑,墙面要软处理。幼儿使用的设备要稳固,桌椅板凳没有毛刺,饮水桶、毛巾架等要固定好。

(3) 剪子、刀子、针等锐利物品要放在成人专用材料柜内(幼儿摸不到的地方)。

(五) 因无接送制度或执行不到位,家长接送孩子失误所致事故

有的是因为不具备接送资格的未成年人接送幼儿所致事故;有的是因教师提前放学,未等家长来接所致事故;有的是家长未与老师交接所致事故;有的是家长对接送孩子不重视所致事故。

对由家长接送失误引起的安全事故的预防措施如下。

幼儿园要建立完善的《幼儿接送制度》并严格执行,幼儿园与家长要签订关于接送方面的协议,包括幼儿接送的固定地点,固定接送人(无民事行为能力人不能作为接送人)、接送时间段、如何交接等。

（六）幼儿园组织园外活动引发的事故

幼儿园组织幼儿集体外出活动，幼儿到了新的场所，接触的环境、人和活动内容都是新鲜的，情绪容易兴奋，如果组织不够严密，管理人员配备不足，教师思想上麻痹大意，就很可能发生安全事故。

对园外活动引发安全事故的预防措施如下。

（1）幼儿园必须考虑园外活动是否符合幼儿安全和卫生的要求，严禁参加可能危及幼儿人身安全的劳动、体育运动、商业宣传等活动。

（2）幼儿园一定要事先做实地考察，并与合作单位取得联系，互相沟通活动方案，甚至进行细节推敲，尽可能在可预见范围内采取必要的安全措施，制订《外出活动意外事故预案》，按相关规定租乘交通工具，将职责分解落实到每位管理人员，履行相应的安全保护职责。

（3）活动前和活动中，向幼儿进行安全教育，增强幼儿的安全意识和自我保护技能，如遵守交通规则、不单独行动、不触摸危险设施、不吃陌生人食品等，减少来自幼儿自身原因引起的安全事故。

（七）幼儿园网络舆论引发的危机

智能手机为人们的生活提供广阔的交友空间，现在的年轻教师喜欢与一切熟悉或陌生的网友们分享自己每天的所见、所思、所闻，拍照并发布相应信息已成为一种生活习惯。在缺乏相关的网络舆论危机教育的情况下，一些教师容易将生活与工作混为一谈，从而引发幼儿园舆论危机。另外，由于媒体经常报道一些涉及幼儿人身安全的信息，这些信息通过网络的形式迅速地传播，这就加重了家长对幼儿在园安全的忧虑，一旦家长反应过度，难免会被网络舆论绑架，从而使幼儿园陷入网络舆论危机。

对网络舆论引发的安全事故的预防措施如下。

一方面，幼儿园要把重点放在危机预防上，强化全体教职工的危机意识，加强网络舆论危机教育，帮助教师区分生活与工作的不同性质，甄别所上传信息的适宜性，避免因疏忽引发网络舆论危机；要加强幼儿园内部网站的管理，适时进行监测，及时发现危机前兆，及时删除可能引起网络舆论危机的内容，将危机消除于萌芽状态，防患于未然。

另一方面，当网络舆论危机发生时，幼儿园管理者应当立刻启动幼儿园危机管理预案，并向上级主管部门汇报事件起因及经过，争取更多支持。要采取有效措施，迅速找出网络舆论危机发生的原因并及时处理，不让事态继续蔓延。切忌推脱等待，让事态持续在网络上发酵，导致不可收拾。

延伸阅读

邓某事件的启示

某幼儿园户外活动期间，大班一名幼儿在荡秋千时，没有抓牢秋千两边的荡链，不慎从秋千上摔下,并将脸部擦伤。当时,本班教师正返回教室接待一名交费的家长,不在现场。事情发生以后,教师立即将幼儿送到医务室进行处理。校医的处理意见为:表皮擦伤但未伤及其他器官和身体。问题并不严重,但教师还是向家长道了歉,并去家中探望。

当时幼儿园认为幼儿正处于生长发育的时期,生理、心理可塑性大,但也容易受到伤害。幼儿作为活动的主体,活动中难免有损伤。尤其是在夏天,幼儿穿得少,发生表皮擦伤的事情难以避免。幼儿园也能理解家长心疼孩子的心情,及时地让教师去探望。

但是,家长却认为幼儿园是在园幼儿的监护人,并向幼儿园提出要求,让其支付医药费、误工费、精神损失费、美容费,甚至包括日后的化妆品费用。对于家长的这些要求,幼儿园表示不能接受。于是召开园务会,并做出以下决定:报销所有的医药费和交通费,退回该幼儿未来在园期间的管理费。

显然,家长要求和幼儿园处理意见相距甚远,家长自然是不肯接受,并扬言要将幼儿园告上法庭。

面对事态逐步升级,幼儿园对意外事件的处理进行了法律咨询。通过咨询,了解到:父母作为孩子的监护人,他们的责任不因幼儿进入幼儿园而免除;幼儿园作为教育幼儿的机构,以保育为主,兼有教育任务,但并不是他的监护人。

我国有关法律规定,在幼儿园生活、学习的幼儿,受到伤害,单位有过错的,可以适当给予赔偿,幼儿园只承担相应的责任,不应承担日后可能发生的美容、化妆费用。

在有了法律依据的情况下,幼儿园再次与家长磋商,向家长进行法律宣传,使家长明白了其作为监护人应承担的责任,最终按照幼儿园提出的处理意见,达成协议。

第三节　幼儿园安全事故的处理

一、幼儿园安全事故的责任划分

近几年来,幼儿园里幼儿伤害事故日益成为人们关注的焦点。一方面是由于人们的法制意识增强了,另一方面是由于有关幼儿园方面的立法也在不断地发展和完善。幼教工作者不能单凭经验从事教育工作,而必须以法律为准绳,依法从教、依法治园。

(一) 责任划分的法律依据

由于教育工作的专业性,幼儿园在教育活动中有防止幼儿的身体或生命因教育活动而遭受侵害的义务。尽管幼儿园不是在园幼儿的监护人,但是,幼儿园一旦因过失行为而导致伤害事故发生,就必须承担相应的责任。这种过失在本质上是一种"业务过失"。法律中将这种过失原因归类为过错责任,幼儿园伤害事故的归责主要以过错原则来处理,当然并不排除其他归责原则的适用。

法律依据一是《中华人民共和国民法通则》的司法解释。最高人民法院《关于贯彻执行〈中华人民共和国民法通则〉若干问题的意见(试行)》第一百六十条具体解释了儿童损伤事件的责任问题:"在幼儿园、学校生活、学习的无民事行为能力人或者在精神病院治疗的精神病人，受到伤害或者给他人造成损害，单位有过错的，可以责令这些单位适当给予赔偿。”

法律依据二是 2002 年 9 月 11 日教育部开始实施《学生伤害事故处理办法》。该法第八条规定：“因学校、学生或者其他相关当事人的过错造成的学生伤害事故，相关当事人应当根据其行为过错程度的比例及其与损害后果之间的因果关系承担相应的责任。”

由此可见，幼儿园在幼儿伤害事件中是否有违法、违规、违纪等行为，即幼儿园在事故中是否有过错或失误是幼儿园是否承担责任的前提。如果幼儿园的过错直接或间接地导致了幼儿伤害事故的发生，那么幼儿园要负相应责任。反之，幼儿园可不负责任。

（二）安全事故中幼儿园有无过错的确定

在幼儿园安全管理工作中要求教职工每时每刻都要盯住每个幼儿的一举一动是不现实的，确定幼儿园有无过错，主要看幼儿园教职工是否履行了自己的职责，要依据现有的法律法规的规定，而不是人们的主观臆断。其主要依据有《中华人民共和国教育法》第二十九条，《中华人民共和国教师法》第八条，《中华人民共和国未成年保护法》第三十五条至第三十七条，《幼儿园管理条例》《幼儿园工作规程》《托儿所、幼儿园卫生保健制度》《托儿所、幼儿园卫生保健管理办法》等。如果幼儿园违反了上述法律、法规、规章的规定，则认定幼儿园有过错；反之，则无过错。

不履行职责或者错误地履行职责的教职工，无论是以作为的形式还是以不作为的形式，都应承担民事责任。教职工已经履行了自己的相关职责，并没有过错或过失，发生了幼儿的伤害事故，幼儿园不应该负民事责任。

（三）安全事故中幼儿园对幼儿的责任

依据法律，幼儿园对幼儿负有三项责任：教育责任、管理责任、保护责任。教育虽然是幼儿园的主要职能，但就责任的性质来说，教育责任说到底不是一种法律责任，而是幼儿园的职责和功能，管理失误和保护不周才是承担法律责任的依据。幼儿园只有保证幼儿安全，才能实现其教育目的。换句话说，只要幼儿送到了幼儿园，安全责任就已经开始了，所有的一切活动，包括吃饭、如厕、活动、睡觉等都包含在内。《中华人民共和国未成年人保护法》第三章“学校保护”具体讲述了学校对幼儿的保护责任。学校保护最终是要通过学校的内部管理行为来实现的，在教育教学活动过程中幼儿园应忠于职守，履行自己的职责，尽量避免事故的发生。

由此可见，幼儿园发生的幼儿人身伤害事件，其赔偿责任是根据幼儿园的过错来确定的。幼儿园如果按照国家的法律规定以及幼儿园的规章制度尽了职责，可以减轻或避免承担责任。

（四）安全事故中幼儿园的义务

根据过错责任的原则，幼儿园要避免在事故发生时承担责任，就必须尽自己的义务。这些义务主要体现在以下几个方面。

1. 按照教学常规进行教学

幼儿园要严格按照《幼儿园工作规程》和幼儿园的规章制度对幼儿进行教育，不能以超出幼儿接受能力的方式进行教学。在正常的教学活动时间里，教师不能出现擅自调课、不请假而离岗、请人代岗的现象。教师如果在应在岗期间不在岗，未能了解事故发生的情况，出现事故没有采取有力措施进行抢救，不及时汇报，不按照教学常规来教学，都可能产生不利的法律后果。

2. 外出活动时保证幼儿安全

《中华人民共和国未成年人保护法》第三十五条规定，幼儿园组织幼儿集会、文化娱乐、社会实践等集体活动，要防止发生人身安全事故。幼儿园组织外出活动时，一定要在保证安全的前提下进行。组织者要配备足够的教师，出发、集合、分散活动都要事先计划好，确定好详细的活动方案，确定具体的责任人。

3. 了解幼儿健康状况

幼儿园要检查幼儿的身体状况，建立幼儿健康检查制度和幼儿健康档案，以防事故的发生。幼儿园要根据幼儿的身体状况安排具体的教育教学活动，对体质特殊或有疾病的幼儿给予适当的照顾。

4. 定期检查教育活动场所、安全设施，提供安全、卫生的学习环境

《中华人民共和国教育法》第七十三条，《中华人民共和国未成年人保护法》第三十五条明确规定，学校建筑物和其他设施要符合标准，保证幼儿在校内的人身安全。如果明知校舍或其他设施有危险而不采取措施，造成人员重大伤亡的，将依法追究直接责任人员的刑事责任。《中华人民共和国教育法》第四十五条、《中华人民共和国未成年人保护法》第三十四条都要求学校给幼儿提供安全的体育活动设施和卫生的校园环境。幼儿园要保证幼儿的饮水、饮食卫生，防止食物中毒，预防各种疾病在园内传播、流行。发现幼儿园的教学设施存在安全隐患时，要及时汇报，让幼儿远离危险设施，避免幼儿在危险的环境中活动。

5. 不体罚或变相体罚幼儿

教师因故意行为造成幼儿伤害的，法律也有相应的责任规定。《中华人民共和国未成年人保护法》明确规定，学校、幼儿园、托儿所的教职员对未成年幼儿和儿童实施体罚或者变相体罚，情节严重的，由其所在单位或者上级行政机关给予行政处分。《〈中华人民共和国义务教育法〉实施细则》第四十二条进一步指出，对体罚幼儿情节严重，违反《中华人民共和国治安管理处罚条例》的，由公安机关给予行政处罚，构成犯罪的，依法追究刑事责任。

6. 事故发生后及时采取补救措施

为了防止幼儿在事故发生后，因不能及时得到照料而使所受到的损害扩大，幼儿园应该在事故发生后，对幼儿进行必要的照顾、保护，并即刻通知幼儿家长或监护人。幼儿园要主动与家长联系，认真听取意见和建议，取得家长的支持和配合。因疏于通知所引发事故的，幼儿园要承担相应的责任。

二、幼儿园安全事故的赔偿责任

幼儿园安全事故的赔偿遵循“谁有过错，谁承担赔偿责任”的法律原则，从而确认幼儿园安全事故涉及的赔偿主体，包括幼儿园、监护人、保险公司。

（一）幼儿园赔偿责任

幼儿园赔偿责任既包括幼儿园过错引起的伤害赔偿，也包括因教职工工作失误引起的伤害赔偿，后者赔偿是先由幼儿园代替教职工赔偿，然后幼儿园再对教职工进行行政处分或追偿。根据幼儿园事故发生的原因、情节及过错情况，幼儿园赔偿可分为完全责任、部分责任和免除责任。

1. 完全责任

完全责任即过错完全在幼儿园。如在园内建厕所，一无图纸，二无合同，三无主管部门审核，导致建造的厕所蹲坑不符合标准，从而造成儿童伤害；或对通往幼儿园有障碍的道路，未采取安全措施标识，导致幼儿不慎掉落、摔伤等。

2. 部分责任

部分责任即幼儿园事故发生，其过错一部分是由幼儿园或教职工引起的，另一部分是由其他因素引起的。如幼儿在课间追打、教师在旁看见，虽制止但不得力，最终酿成事故，那么教师负有一定责任。

3. 免除责任

免除责任即幼儿园事故的发生，由幼儿自身原因引起，或纯属意外，幼儿园不可预料。如某幼儿患有某种疾病或属于特殊体质，家长并没有告诉幼儿园教师，幼儿园或教师在不知情的情况下，实施教育教学活动，造成伤亡，幼儿园并无责任。

（二）监护人赔偿责任

监护人赔偿责任指幼儿给他人造成损害时，由其监护人代为承担赔偿责任。

所谓监护，法律上指对无民事行为能力人和限制民事行为的人身、财产权益依法实行监督和保护，其中所设定的监督保护人是监护人，目前我国采用三种设定监护人的方式。

1. 法定监护

根据《中华人民共和国民法通则》规定有三类监护人属于法定监护：近亲属，包括父母，无父母或丧失监护能力的，由祖父母、外祖父母或兄姐承担；近亲属以外的其他关系密切的亲属或朋友，但必须经“未成年人的父母所在单位或未成年人住所的居委会、村民委员会同意”；在没有上面的两类情况下，未成年人的父母所在单位、居委会委员、村民委员会以及民政部门才可以作为法定监护人，从现有法律规定来看，幼儿园不是幼儿法定监护人。

2. 指定监护

指定监护即对担任监护人有争议的由未成年人的父母或未成年人父母所在单位或未成年人住所居委会、村民委员会在近亲属中确定。因此，幼儿园也不是指定的监护人。

3. 委托监护

最高人民法院 1988 年 4 月 2 日《关于贯彻执行〈中华人民共和国民法通则〉若干问题的意见（试行）》第二十二条规定监护人可以将监护职责部分或者全部委托给他人。因此，被监护人的侵权行为需要承担民事责任的，应当由监护人承担，但另有约定的除外；被委托人确实有过错的，负连带责任。根据这一意见，幼儿在入园时，家长从未将监护责任委托给幼儿园或老师。即便有委托，如果被委托的幼儿园或教师有过错，那么他们应当承担民事责任，如果无过错，则民事责任应当由监护人承担，而不是由幼儿园或教师承担。寄宿制幼儿园的幼儿管理事宜，应由家长和幼儿园签订委托合同。

通过对监护人进行法律分析，我们发现，幼儿园既不是法定的监护人，也非指定的监护人，同时幼儿园与家长也没有签订委托合同，因此，监护人对其子女给他人造成的伤害，应该依据事故的原因和情节轻重承担相应的赔偿责任，而不能一概认为应由幼儿园负责。至于纯属幼儿自身原因造成伤害，监护人应承担完全责任。

（三）保险公司责任

对幼儿在幼儿园内发生的人身伤亡，保险公司应依据担保人与公司签订的险种、险别条款，承诺相应的赔偿责任。但是，在赔偿责任的分担中，并不是三种赔偿主体在任何一个幼儿园事故中都负有赔偿义务，也并非是平均分配，而是根据事故原因、情节轻重等因素，对具体问题进行具体分析。对于任何一方都无过错而造成的伤害事故，根据《中华人民共和国民法通则》第一百三十二条规定：“当事人对造成的损害都没有过错的，可以根据实际情况，由当事人分担民事责任。”例如，活动课上，幼儿甲将足球踢到正在奔跑的幼儿乙身上，从乙身上又反弹到幼儿丙的眼睛上，造成幼儿丙视力伤害。在这一事故中，教师在教学设计、组织安排和场地条件等方面均无不当，幼儿甲、乙、丙均为正常踢球，且无过错行为，因此，本事故应由幼儿园、幼儿甲和幼儿乙分别承担赔偿责任。

三、幼儿园安全事故的解决途径

幼儿在幼儿园发生安全事故，其合法权利受到侵犯后，监护人可以通过多种途径来解决，具体的方法有协商、调解、仲裁、复议、诉讼。当事人可以根据具体的侵权情况选择解决的途径。

（一）协商

幼儿的权利遭到侵害，其监护人可以根据我国法律的有关规定，向侵权人提出赔偿损失、赔礼道歉等合法请求，侵权方如认为合情合法，愿意接受对方提出的请求，并予履行，协商即告成功。

（二）调解

幼儿的权利遭到侵害后，其监护人与侵权人之间如果发生纠纷，就要在有关组织或人员的主持下，依据国家的法律法规及相关政策，根据双方当事人的请求及实际情况，运用说服教育的办法，劝导纠纷双方当事人通过自愿协商解决纠纷。主持调解人，既可以是人民调解委员会，也可以是行政机关或司法机关；既可以是当事人所在的单位、居委会、工会、妇联组织，也可以是接受委托的律师。

（三）仲裁

双方当事人在争议发生前或争议发生后达成协议，自愿将争议交给仲裁庭作出裁决，并有义务执行仲裁裁决的方法。仲裁必须建立在自愿的基础上，仲裁的范围有一定的限制。依据我国的《仲裁法》规定，婚姻、收养、监护、抚养、继承纠纷，以及依法应由行政机关处理的行政争议不能仲裁。

（四）复议

这里主要指行政复议。幼儿监护人认为行政机关的具体行政行为侵犯了幼儿的合法权益，可以向行政机关提出行政复议申请，行政机关依据《中华人民共和国行政复议法》受理复议申请，并作出行政复议决定。

（五）诉讼

诉讼是指当事人一方向法院提出有关的诉讼请求，由法院作出判决，即上法院打“官司”。从我国现行法律制度来看，凡符合民事诉讼法、行政诉讼法和刑事诉讼法受案范围的，都可以通过诉讼途径解决侵权纠纷。根据案件的性质不同，诉讼分为民事诉讼、行政诉讼、刑事诉讼三大类。

（六）特殊情况的说明

如果幼儿受到监护人的虐待、拘禁、毒打等，造成一定的身体伤害及较坏的社会影响，那么儿童维权组织、街道、居委会、村委会、妇联、监护人所在工作单位，应该对监护人批评教育，制止其不法侵权行为，及时纠正，采取相应的措施对幼儿的伤害进行医治。如果其性质已经触犯刑律，那么就由检察机关提出公诉，追究监护人的刑事责任。

四、幼儿园安全事故的处理程序

（一）事发前的措施

(1) 幼儿园可以根据园方和家长各自的责任，设计责任协议书。双方在幼儿入园前签订《家园协议》，明确责任。“家长的责任”条款中有：“因下列情形之一造成幼儿伤害，家长将依法承担相应责任。”

① 幼儿之间因不慎造成身体伤害的，肇事幼儿的家长应承担赔偿责任。

② 幼儿身体状况、行为、情绪等有异常，家长知情而没有及时告诉教师，或者有关情况幼儿园已告知家长，但家长未履行相应的监护责任，致使幼儿来园后发生意外的，家长应承担相应责任。

此协议签订后，双方将承担有关责任，避免事发后一些不必要的纠纷。

(2) 幼儿园聘请法律顾问，遇到意外伤害事件，及时向律师咨询，理智地处理问题。园长要学法、懂法、用法。

(3) 制定园纪园规，强化教师的责任意识。在幼儿园一日活动的各环节中，加强安全教育，注意安全技能的演练，提高师幼的安全意识和安全技能。幼儿园管理人员要加强巡查，及时处理可能出现的突发情况。

(二) 事发中的对策

(1) 幼儿遇到意外伤害时,当班教师必须和保健医生、家长一起在第一时间进行处理,让家长在第一时间知道实情,以取得家长的配合。园长必须及时了解事故发生情况。

(2) 幼儿园要稳定幼儿及其家长情绪,教师及时家访,了解幼儿病情及家长的想法。如果家长有过激行为,幼儿园应冷静,避免正面冲突,并在第一时间向公安机关报案。如果家长行为有损幼儿园财产和名誉,则属于侵权行为,幼儿园可报警及提起刑事附带民事诉讼要求赔偿。

(3) 园方和家长填写有关事故记录表格,以备查档。

(三) 事发后的反思

幼儿园必须在事件发生后组织教师反思造成幼儿意外伤害的原因,分析如何为幼儿提供更加安全的生活和学习环境,达到防患未然的目的。

由于现实社会的复杂性,园长在处理事件时,既要坚持原则,又要灵活掌握,在不违法的前提下,保障幼儿健康发展,保障幼儿园健康发展。

(四) 对幼儿园火灾、食物中毒、传染病的应急处理

幼儿园一旦发生火灾、食物中毒、传染病等情况,应立即起动应急处理预案,控制事态发展,减少损失。幼儿园火灾应急处理见图 7-1,食物中毒应急处理见图 7-2,传染病应急处理见图 7-3。

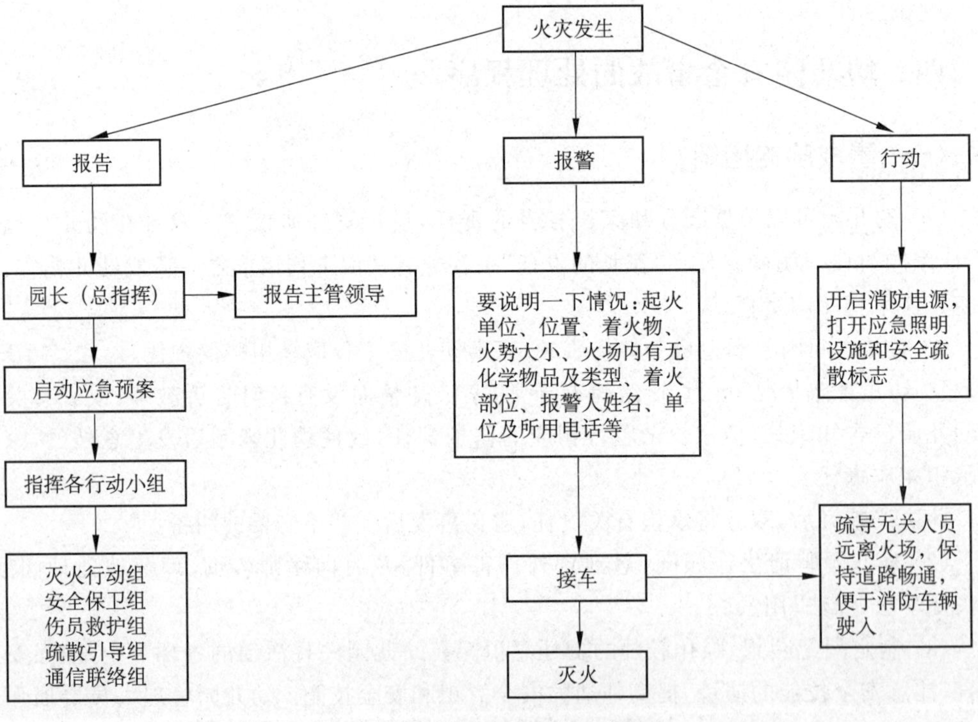

图 7-1 幼儿园火灾应急处理流程图

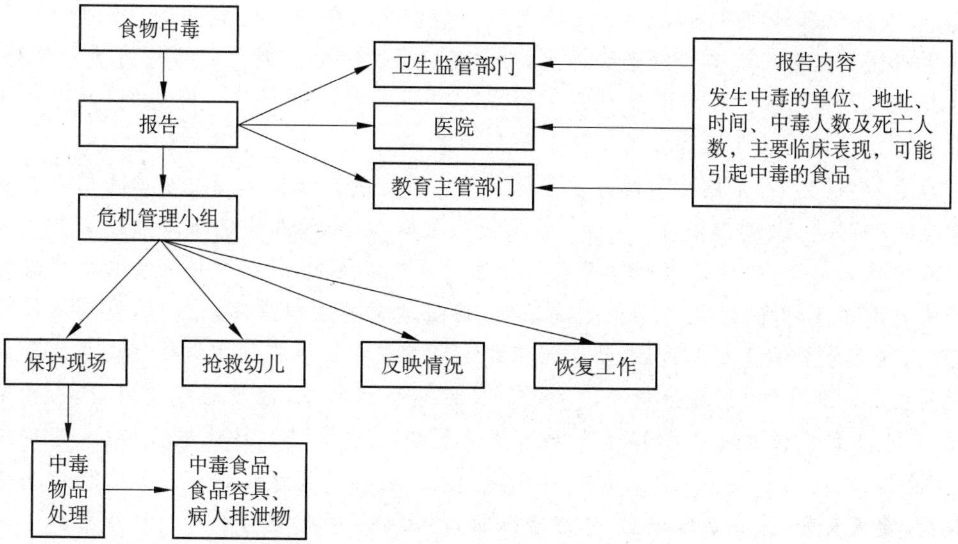

图 7-2　幼儿园食物中毒应急处理流程图

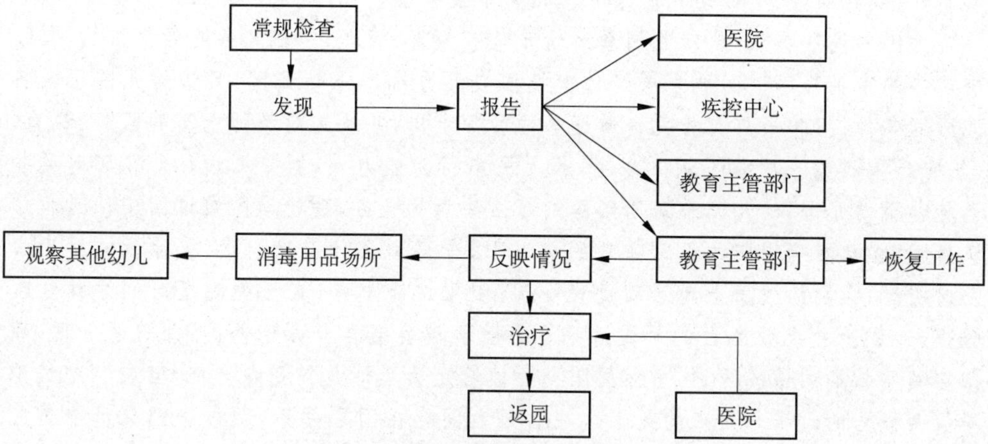

图 7-3　幼儿园传染病应急处理流程图

对于此类事故，幼儿园要坚持预防为主原则，制定出综合预防和应对的措施，通过不同形式提高教职工和幼儿防灾、减灾和保护健康安全的意识和基本技能，以及沉着应对突发事件的能力；坚持生命第一原则，应该把保护幼儿的生命和促进幼儿的健康发展放在第一位；坚持快速反应原则，要求幼儿园领导和教职工在幼儿园危机事件发生后，能够在第一时间集中力量，以最小的代价、最少的资源实现危机事件的顺利解决；坚持教育性原则，应及时吸取教训，总结处理事故发生过程中的经验，预防今后类似事故的发生。

延伸阅读

2 岁男童午休趴睡猝死　郑州一无证幼儿园承担法律责任

一个不满 2 岁半的男童在“小博士幼儿园”午休时一直趴着睡，值班老师既未纠正其睡姿,又未按作息时间叫其起床,而是将其一人留在屋内午睡。迟至当日下午4时许值班老师去叫该男童时发现其呼吸已经停止,后经抢救无效死亡。对这起特殊的幼儿猝死案,9月28日上午,河南省郑州市金水区人民法院依法审理后进行了公开宣判,判令未经审批擅自开办小博士幼儿园的张某与陈某赔偿男童父母共计19.35万元。

男童周阳(化名)系被告张某与被告陈某擅自开办的金水区大铺村小博士幼儿园的小班学生。2006年11月9日中午午休时,周阳一直趴着睡,幼儿园值班老师没有纠正其睡姿。其他幼儿起床后,值班老师也没有按作息时间叫醒周阳,并将其一人留在屋内继续午睡。当日下午4时许,幼儿园学生吃晚饭时,值班老师才去叫周阳。这时,发现周阳呼吸已经停止,面色呈现青紫。随后,幼儿园拨打120急救电话后将周阳送往河南中医学院第二附属医院。但是,周阳经抢救无效死亡。法院审理过程中,经被告张某申请,为确定死亡原因,金水区人民法院委托郑州大学司法鉴定中心对周阳的尸体进行检验,鉴定结论为:排除外伤、机械性窒息、常见毒物中毒、疾病、注射疫苗过敏性休克致死。周阳平素身体健康,发育良好,又死在睡眠当中,综合分析,周阳符合婴幼儿猝死综合征死亡。

金水区人民法院经审理还查明,张某与陈某两被告系夫妻关系,小博士幼儿园系两被告共同开办、共同经营,该幼儿园未办理相关审批手续,其聘用老师无相关资质证书。

金水区人民法院认为,幼儿园系对幼儿负有教育、管理、保护义务的教育机构,其设立具有严格的审批程序。两被告未经过审批擅自开办小博士幼儿园,且该幼儿园不具备办幼儿园的条件;招聘未具有相关资质证书的教师上岗,并缺乏对教师上岗的监督、教育、管理,具有严重过错。周阳不满2岁半,系无民事行为能力人,周阳被送往幼儿园时监护义务已转移至幼儿园,幼儿园未对周阳尽到谨慎注意的义务,致使周阳在该园午休过程中一直趴着睡,在已影响周阳的正常睡眠的情况下,未得到及时正确纠正,午休时间过后也未被及时叫醒,在别的孩子上课活动过程中,周阳未按时上课,直至吃晚饭时间才被发现停止呼吸,造成抢救无效死亡的严重后果。由于两被告擅自开办幼儿园,并疏于管理,致使周阳在其监护期间造成死亡,虽然周阳死亡被鉴定为婴幼儿猝死综合征,但该鉴定结论不能排除两被告的过错与周阳的死亡这一后果之间存在因果关系,两被告因其过错仍应对周阳的死亡承担主要责任,结合本案案情,法院酌定两被告承担70%的责任。

案例分析

一天下午。到了离园时间,家长纷纷到班上接孩子,父母还没有到的孩子就在活动室里玩玩具。东东和明明两名幼儿因争抢一支玩具手枪扭打起来,正在与其他家长沟通的老师文珊闻声立即走上前去阻止他们,并没收了玩具手枪,教育他们不能打架。待两名幼儿各自去玩其他玩具后,文珊继续接待来园的家长。此时东东心怀不忿,突然跑到明明身后,用力将其推倒,造成明明额头被摔破,缝了四针。

事故发生后,明明的家长要求幼儿园和东东的家长共同承担赔偿责任。但幼儿园认为自己不存在过错,无须承担损害赔偿。而东东的家长则认为,孩子是在幼儿园将人推倒致伤,是教师文珊监管不力造成,应该由幼儿园负全责。

这起伤害事故的法律责任,究竟应该由哪一方来承担呢?

分析：本案是关于幼儿在幼儿园里因争抢玩具发生伤害事故法律责任的认定问题。根据《学生伤害事故处理办法》第八条规定："学生伤害事故的责任，应当根据相关当事人的行为与损害后果之间的因果关系依法确定。因学校、学生或者其他相关当事人的过错造成的学生伤害事故，相关当事人应当根据其行为过错程度的比例及其与损害后果之间的因果关系承担相应的责任。当事人的行为是损害后果发生的主要原因，应当承担主要责任；当事人的行为是损害后果发生的非主要原因，承担相应的责任。"该《办法》第十条第（二）项规定，"学生行为具有危险性，学校、教师已经告诫、纠正，但学生不听劝阻、拒不改正的"造成学生伤害事故，学生或者未成年学生监护人应承担相应责任。

结合这起事故来看，幼儿东东的行为与明明受损害的后果之间有直接的因果关系，东东是伤害事故的责任者。教师文珊在发现东东和明明之间发生纠纷打闹时，及时劝阻幼儿间的不当行为并进行了教育，尽到了管理教育职责。东东事后报复伤人是她无法预见和制止的突发行为，故教师和园方在此事件中已履行了相应职责，行为并无不当，并无过错，故无须负法律责任。这起幼儿间的伤害应由致害人承担责任，但造成伤害发生的幼儿东东是无民事行为能力人，所以应由东东的监护人承担民事损害赔偿责任。

建议：幼儿园应加强对幼儿进行友爱教育，通过开展各类适合幼儿的活动，促进幼儿社会性的良好发展，指导孩子掌握合理解决矛盾的人际交往方法。在日常生活中，家长也应密切注意幼儿的行为，发现幼儿有危险行为或举动时必须及时有效地制止，并进行教育。对攻击性强的孩子，教师要协同家长共同做好教育工作。

案例讨论 1

洋洋和壮壮都是幼儿园大班的小朋友。一天，在幼儿园户外活动时，洋洋和壮壮都选择了跳绳，刚开始两人还各自跳各自的。可是没过多久，俩人就开始拿着跳绳你打我，我打你，练起了"武功"。忽然，意外就在一瞬间发生了，壮壮抡起跳绳时，一只手柄从手中脱落直飞出去，击中洋洋的眼部。

问题：

1. 对于壮壮对洋洋造成的伤害，壮壮的父母作为壮壮的监护人是否应承担赔偿责任？

2. 本案例中老师在管理上是否到位？幼儿园有无过错？是否应适当给予赔偿？

案例讨论 2

在户外活动的时候，豆豆和其他小朋友在操场上互相追逐着，在没有任何障碍物和别人推挤的情况下，豆豆摔倒在地，造成豆豆下颌处摔裂，缝合 3 针。

问题：这种情况一般都是由于意外引起的，但是在责任归属上应该怎样进行分析确认？

（提示：可以从教师是否在场进行分析。）

案例讨论3

在幼儿园活动的时候,多多在秋千上高兴地荡来荡去,几名小朋友也热心地在后面推他,可是忽然之间,秋千的一侧铁链发生断裂,多多从秋千上跌下,造成右腿骨折。

问题:谁来承担多多受到伤害的责任?为什么?

案例讨论4

辉辉因为好动、淘气被老师罚站在小椅子上,结果辉辉不慎从小椅子上跌下摔伤,家长为此和幼儿园发生争执。幼儿园认为是辉辉自己摔伤的,而家长认为是由于教师对孩子进行体罚造成孩子受伤的,幼儿园负有不可推卸的责任。

问题:这种情况应该由谁来承担责任?为什么?

思考与练习

1. 幼儿园安全工作管理的要求。
2. 幼儿园安全教育与管理的内容和方法。
3. 如何认定幼儿园事故的责任?
4. 保护幼儿安全,家园应该如何合作?

实践与训练

项目一:幼儿园安全制度制定及实施。

内容:调查幼儿园安全制度制定及实施情况。

要求:

(1) 以小组为单位,深入到所熟悉的幼儿园对幼儿园安全制度及其执行情况进行调查和访谈。

(2) 访谈一位幼儿园主管领导,了解近两年幼儿园发生的安全事故,幼儿园怎样进行的处理,得出的经验教训是什么?

(3) 小组写出调查报告。

项目二:幼儿园安全事故责任分析。

内容:某农村幼儿园,考虑到农村家长整日在地里干活,没有接送孩子的习惯,孩子入园、离园的路上不安全,便实行了教师代为接送孩子的制度。有一位吴姓家长认为幼儿园想以此收取费用,而且自家离幼儿园很近,只隔一条小路,不会有什么危险,让孩子自己回家就行了。幼儿园教师警示家长,孩子年龄小,不知道什么是危险,万一在路上出了事,事就大了。吴某对幼儿园教师的话不以为然,未加理会。谁料想,一天吴某的孩子在离园回家的路上，因和另一幼儿打闹，眼睛被戳成重伤。吴某捶胸顿足，恨自己疏忽大意，没听老师的劝告。给孩子看眼睛需要大笔的费用，但吴某和肇事孩子的家长都是农民，收入微薄，凑不出足够的钱来。两家人一边犯愁一边合计，便想到了幼儿园，于是吴某把幼儿园告上了法庭。

在法庭上，吴某指责幼儿园没有履行接送孩子的约定，并否认幼儿园曾对他有所警示，幼儿园虽据理力争，但因为拿不出证据，最终败诉，不得不承担了孩子的医疗费用。

要求：

(1) 根据所学习的相关知识对此案例进行分析。

(2) 此案例对你有哪些启示？

第八单元 幼儿园公共关系管理

学习目标

1. 理解幼儿园公共关系的含义。

2. 了解幼儿园公共关系的内容。

3. 掌握建立家园合作共育、幼儿园与社区互助合作关系的有效途径。

4. 能够运用所学知识分析和解决幼儿园公共关系中的实际问题。

课程导入

每逢幼儿离园时间,某幼儿园大门口的马路边总是停满了车辆,小商小贩的叫卖声也不绝于耳,校门口围得水泄不通,家长怨声载道,不断地反映到幼儿园办公室。负责后勤的王园长多次与社区干部协调,但总是得不到解决方案,社区给出的回复是:“平时幼儿园在文明创建、治安管理、户口统计、社区管理等方面不配合社区,幼儿园门口接孩子拥挤的问题社区也不好协调,你们自己想办法解决。”陈园长心里清楚,多年来双方关系一直紧张,按理说幼儿园是小区配套幼儿园,社区支持幼儿园发展是应该的,为什么社区工作人员不支持幼儿园的工作呢?为此,她伤透了脑筋,仍然困惑不解。

幼儿园是社区的细胞组织,社区中的自然资源和人文资源都能成为幼儿园教育教学服务的有利资源。社区和幼儿园本应该和谐相处、共同发展，为什么会出现关系紧张，互相不支持的情况呢？

第一节 幼儿园公共关系概述

根据爱德华·伯尼斯定义，公共关系是一项管理功能，制定政策及程序来获得公众的谅解和接纳。

一、幼儿园公共关系的含义

（一）公共关系

自从公共关系诞生以来，人们给其下一个准确定义的努力就没有停止过。人们从管理说、传播说、形象说、协调说等不同的角度揭示公共关系的本质属性，由于每个人的认识角度不同，对公共关系内涵的理解也各异，于是就形成了许多公共关系的定义。人们普遍认为它既可以是一种状态，又可以是一种活动，还可以是一种学说，更可以是一种观念和职业。

(1) 任何组织都处在一定的公共关系状态之中，这是一种客观存在的形态。

(2) 组织的公共关系活动是一个组织长期进行社会交往、沟通信息、广结良缘、树立自身良好形象的过程。

(3) 公共关系观念影响和指导着个人或组织决策与行为的价值取向，从而反作用于人们的公共关系活动，并间接影响实际的公共关系状态。

(4) 就学科特点而言，公共关系是以传播学和管理学为基础建立起的新兴学科。

(5) 公共关系职业任务是协调社会组织与公众的关系，塑造组织良好的社会形象，以促进组织不断发展和完善。

通俗地说，公共关系是一个组织为创造良好的生存环境、发展环境，通过一系列有目的、有计划、持续地传播沟通工作，与其特定的公众对象建立起来的一种和谐的社会关系。

公共关系主要从事组织机构信息传播，关系协调与形象管理事务的咨询、策划、实施和服务的管理职能。其出发点是迎合并满足公众的需要，其结果是获得公众的信任和支持，实现组织利益和公众利益的“双赢”，其手段是通过一系列有目的、有计划、持续地传播沟通工作，树立组织的良好形象，它是一种关系管理、一种传播管理，也是一种形象管理。

公共关系管理是对组织与社会公众之间传播沟通的目标、资源、对象、手段、过程和效果等基本要素的管理。这种管理同样包括一般管理的基本环节，也就是对组织的公众传播沟通活动进行决策、计划、组织、指挥、控制、协调和监督等。

（二）幼儿园公共关系

随着计划经济向市场经济的转轨，幼儿园被推向市场，优胜劣汰的结果更加显现，同时由于学前教育事业的快速发展，幼儿园在由数量的增加向质量的提升的过程中，形成了一种新的开放性和竞争性的环境，公共关系已成为幼儿园参与市场竞争的重要手段。为了获取多方面的资金来源,幼儿园需要与多种可能的资金来源单位协调关系;为了争取好的生源,幼儿园需要赢得良好口碑,取得家长和社区的认可;为了招揽和留住优秀教师,幼儿园需要创造良好的内部环境,等等。幼儿园公共关系为幼儿园目标的实现,发挥整个幼儿园的作用,提供了物质和舆论的支持。

幼儿园公共关系是幼儿园为实现教育目标,有组织、有计划地运用传播手段与外部沟通联系,在幼儿园与公众之间建立和发展相互理解与支持的关系,以塑造幼儿园这一社会组织的良好形象和创造最佳教育环境的社会实践。

幼儿园公共关系不同于企业、机关和其他社会团体公共关系的特点。幼儿园公共关系的区域范围是有限的,主要以其所在地区的组织、个人为主要公关对象。幼儿园与公众的关系不以产品为中介,而是直接与服务对象产生联系,它的最终目的是树立良好的幼儿园形象,提高声誉,争取公众的支持与合作,以利于幼儿园保教质量的提高,利于幼儿园的生存与发展。

二、幼儿园公共关系的职能与原则

(一)幼儿园公共关系的职能

在幼儿园管理中,公共关系以建立广泛的人脉关系,多渠道获得各种资源,树立幼儿园的良好形象,协调幼儿园与公众之间的关系为主要的工作目标。其基本职能可以概括为收集信息、咨询建议、传播沟通、协调关系、争取外援和合作。

1. 收集信息

收集信息主要是为了监测环境。收集信息主要包括公众需求信息、公众对幼儿的评估信息、公众对幼儿园的意见和态度的信息、幼儿园内部公众对幼儿园的意见和态度的信息等。通过对收集的信息进行评估和预测,能够帮助幼儿园对复杂、多变的公众环境保持高度的敏感性,维持幼儿园与整个社会环境之间的动态平衡。

2. 咨询建议

咨询建议职能主要是指幼儿园公共关系工作可以向各决策层和各管理部门提供公共关系方面的情况和意见,使幼儿园的管理决策更科学化、系统化,在幼儿园管理中起着特殊的“参谋”作用。

3. 传播沟通

幼儿园公共关系是幼儿园与公众之间的一种双向传播活动,一方面将公众的信息采集进来,用于幼儿园的管理决策;另一方面将幼儿园的信息传播出去,在社会上形成有利于幼儿园的舆论,从而达到树立形象的目的。

4. 协调关系

幼儿园公共关系是幼儿园与社会环境之间的一种协调和沟通,就是运用各种协调与沟通手段,为幼儿园疏通渠道、发展关系、调解冲突,成为幼儿园与各类公众交往的桥梁,为幼儿园的生存和发展创造“人和”的环境。

5. 争取外援和合作

幼儿园要在激烈的竞争中求得生存和发展，就必须设法争取外部各界的支持和援助，加强与外界的合作。争取的外援和对象主要包括上级主管部门、社区、家长、新闻单位、专业机构、教育组织、公司企业等，幼儿园要注意与各有关方面的广泛交往，并逐步建立良好的关系，以获得最大的支持和帮助。

（二）幼儿园公共关系的原则

幼儿园公共关系的原则是有效地开展幼儿园公共关系工作应遵循的基本准则。只有遵循这些基本原则才能有效地发挥公共关系的作用，促进幼儿园自身的建设和发展。

1. 诚实守信的原则

诚实守信是幼儿园得以长足发展的基础，幼儿园公共关系中必须以诚信为先。要向公众讲真话，要坚持公众关系的真实性，如实向社会、家长、幼儿传达信息，实事求是地宣传幼儿园，兑现承诺，要敢于接受社会和家长对幼儿园的批评、建议和意见，树立良好的职业道德，以取信于公众。

2. 互利互惠的原则

公共关系中，公关和被公关双方的行为都受一定的或物质或精神的利益驱动，单方付出或单方得到都是不可能的，组织与公众之间的信息、利益都要对称。公共关系中互惠互利是最基本的原则，公共关系是在互惠互利基础上进行的。公众是幼儿园的服务对象，是幼儿园生存发展的基础，幼儿园公共关系要以社会利益为本，以公众利益为第一出发点，积极履行应尽的社会职责，为社会公众提供有效的服务。

3. 全员公关的原则

幼儿园没有类似企业的公关部门和专业的公关人员，因此，在幼儿园公共关系活动中全员公关的原则就显得尤为重要。要让全园工作人员认识到幼儿园公共关系不仅是幼儿园领导的事，更是全园教职工的事，但这并不是要求全园每一个人都成为公关人才，而是要求每一个人都意识到自己是幼儿园的一员，自己的形象与行为代表着幼儿园，影响着幼儿园，必须随时自觉地注意自己的言行，力所能及地参加幼儿园的公关活动。

4. 持之以恒的原则

公共关系的职能反映了幼儿园公共关系是一种长期性的工作，要求幼儿园公共关系工作要保持经常性和计划性，要持之以恒。幼儿园应在平时的公共关系中扎实、细致地工作，努力做到时时有公关，处处有公关，使幼儿园在其发展过程中，不论遇到什么样的困难，都可能得到公众的支持与帮助。

三、幼儿园公共关系的对象与内容

公共关系组织结构包含“组织”“公众”“传播”三个要素。在幼儿园公共关系的要素中，“幼儿园”和“公众”是公共关系的承担者，是“主体”和“客体”，它们之间的作用方式是“传播”。因此，要做好幼儿园公共关系，就必须了解和研究公众，把握幼儿园公共关系的对象和内容，从而制定科学的目标、策略和方法，使公共关系工作建立在科学的基础上，形成良好的公共关系状态。

（一）幼儿园公共关系的对象

公众是公共关系学中的一个基本概念，是指与组织发生直接或间接联系，对该组织的生存和发展具有现实或潜在影响力的个人、群体和社会团体。在幼儿园，每一个幼儿家长都是与幼儿园有密切联系的个人，本地教育部门是与幼儿园有密切联系的社会团体，他们同幼儿园都有着文化教育利益和经济的关系，他们都影响着幼儿园的建设与发展。

幼儿园的公共关系的对象是指幼儿园所在地区的公众。依据幼儿园与公众的内外关系以及公众对幼儿园的态度可划分为不同的对象。

1. 依据幼儿园与公众的内外关系划分

根据幼儿园与公众的内外关系，可分为内部公众和外部公众。

（1）内部公众

① 幼儿园的教职工。教职工是与幼儿园公共关系最紧密的首要公众，他们在幼儿园公共关系活动中具有双重身份，既是幼儿园对内公共关系的客体，也是幼儿园对外关系的主体。他们直接影响幼儿园的生存和发展，幼儿园需要投入大量的人力、物力去处理和维持同他们的关系。

② 幼儿。幼儿是幼儿园工作的对象，是幼儿园保育和教育工作水平的直接反映者，他们的全面发展代表了幼儿园的形象，是幼儿园对外宣传的最有力的媒介。

③ 幼儿园主办单位或个人。举办幼儿园的企事业单位或个人是幼儿园办园经费的重要来源者，也是幼儿园发展规划和制定重大决策的重要参与者，是幼儿园内部的重要公众。

（2）外部公众

① 消费者公众。幼儿的家长是消费者公众，是幼儿园最直接的服务对象，他们是与幼儿园有最直接利益关系的外部公众，是幼儿园实现市场传播与沟通的最佳人选。

② 社区公众。幼儿园所在社区的公众包括居民、居民委员会，是幼儿园重要的教育资源，是实现幼儿园与社会对幼儿进行共育的场所。

③ 政府公众。政府公众是指幼儿园主管部门人员。幼儿园的主管部门是对幼儿园全面工作起着指导、监督、检查的上级教育行政部门和其他政府部门。这些部门是最具有权威的公众，是对幼儿园的发展在政策、经济、法律方面有力支持的关键因素。

④ 传播媒介。传播媒介公众是幼儿园形象传播的重要途径。通过传媒与大众广泛沟通，向社会宣传自己、树立优质形象，提升影响力和竞争力。

2. 依据公众对幼儿园的态度划分

根据公众对幼儿园的态度，可划分为顺意公众、逆意公众和独立公众。

（1）顺意公众。指对幼儿园的政策和行为持赞赏和支持态度的公众，是幼儿园的基本依靠对象。

（2）逆意公众。指对幼儿园政策和行为持敌意或反对态度的公众，是幼儿园急需转化的对象。

(3) 独立公众。指对幼儿园政策和行为持中立态度的公众，是幼儿园值得争取的对象。

（二）幼儿园公共关系的内容

根据幼儿园公共关系的对象，可以把幼儿园公共关系内容归纳为以下几个方面。

1. 对教职工的公共关系

幼儿园教职工是提高幼儿园工作质量的关键，而工作质量的好坏，直接影响幼儿园的信誉和形象。幼儿园公共关系的首要任务就是要创设和谐融洽的内部工作环境，调动教职工的工作积极性，并通过他们搞好对幼儿和对园外公共关系的维护。

对教职工公共关系最主要的责任是实现幼儿园管理者与教职工的良好沟通，使幼儿园的决策和行为能充分体现幼儿园和教职工的共同利益，反映双方的愿望和要求，引导教职工将个体利益目标追求寓于幼儿园整体利益目标之中，同心协力，共同发展。

2. 对幼儿的公共关系

幼儿是幼儿园最庞大的公众群体，是幼儿园主要的、直接的服务对象，搞好对幼儿的公共关系有着特殊的意义。

良好的公共关系不仅能起到团结、教育幼儿的作用，还可以对社区和家长产生影响。对幼儿公共关系工作的重点是培养良好的师幼关系，增强幼儿对教师的依赖感和对幼儿园的向心力和归属感，使幼儿真正喜欢幼儿园，今天来了明天还要来，增强影响力。

3. 对家长的公共关系

幼儿家长作为幼儿园保教工作的合作者，能够为幼儿园提供丰富的教育资源，帮助幼儿园开展丰富多彩的教育教学。作为幼儿园的间接服务对象，幼儿家长也是幼儿园教育教学工作的评价者和幼儿园声誉的有效传播者，对幼儿园的公众形象会产生很大的影响。

幼儿园要采取多种形式加强与家长的沟通和联系，与家长群体建立起良好的公共关系，在家长心中树立幼儿园是“值得依赖的幼儿园”的形象，使幼儿园获得家长的支持和扩大合作范围。

8.1 家长教育是一项影响深远的战略工程

4. 对社区的公共关系

社区是与幼儿园生存、发展关系最密切的外部环境，它为幼儿园提供不可缺少的日常服务，直接影响幼儿园的日常工作，是幼儿园的“根基”。

幼儿园要积极开展对社区公众的公关活动，开展多种形式的、为社区公众认可的社区教育服务工作，协调好与社区的公共关系，为幼儿园的生存和发展创造一个“地利”“人和”的环境。幼儿园要在社区中树立一个“合格和热心的居民”形象，争取社区公众的合作支持，充分利用社区的教育资源，促进幼儿园的和谐发展。

5. 对上级主管部门的公共关系

幼儿园上级主管部门一般是政府各职能部门和教育行政机关，是幼儿园的上级领导部门。它运用政策、法规、信息等手段宏观上调控幼儿园，监督、检查幼儿园，以保证幼儿园正确的办园方向和良好的办园质量。

幼儿园要主动积极与政府部门联系沟通，增进交流。在业务上要虚心接受上级教育行政监督、检查和指导,有关幼儿园办园方向、办园特色等重大决策问题要主动向上级教育行政部门汇报,寻求其帮助与指导,争取得到理解、支持和信任,为幼儿园争得更大的发展空间,把幼儿园办成有发展潜力和良好社会效益的幼儿园。

6. 对新闻媒介的公共关系

信息化社会,幼儿园与媒体之间也发生着各种各样的关系,受到媒体的多方面影响。幼儿园应该重视对各界新闻媒介的公共关系,通过媒介宣传让社会公众了解幼儿园的办园宗旨、特色,树立优质形象。

幼儿园要积极主动与新闻媒介取得联系,真实传播幼儿园的相关信息,充分尊重新闻媒介,正确对待新闻媒介的报道,从而建立良好的媒介关系。

我国的幼儿教育属于非义务教育,具有社会公益性质和服务性质,所以幼儿教育的发展具有广泛的社会参与性,主要是家庭、社区和幼儿园的共同参与。家庭、社区和幼儿园作为幼儿生活和学习的主要环境,对幼儿的成长发挥着各自不同的作用,各具不同的特点,各有其不同的职责,同时三者对幼儿的教育又需要相互配合、相互协调、相互统一、相辅相成,共同承担起教育幼儿的责任。只有这样才能使三者相得益彰,形成正向的互动关系,从而保证幼儿身心健康和谐发展。

第二节　幼儿园与家长的公共关系

陈鹤琴说过:“幼儿教育是一件很复杂的事情,不是家庭一方面可以单独胜任的,也不是幼儿园一方面能单独胜任的,必定要两方面共同合作方能得到充分的功效。”家庭是幼儿教育的摇篮,家长是幼儿的第一任老师,在幼儿的成长中起着不可替代的作用。幼儿园与幼儿家长的公共关系是宣传幼儿园、提高幼儿园社会竞争力的有效手段之一,幼儿园与家长良好的公共关系状态对于教育好幼儿和办好幼儿园有着十分重要的促进作用,因此,幼儿园应充分发挥家长在教育中的作用,取得家长的配合和支持,促进幼儿园的发展。

一、幼儿园与家长的公共关系的意义

《幼儿园工作规程》中指出:“幼儿园应当主动与幼儿家庭沟通合作,为家长提供科学育儿宣传指导,帮助家长创设良好的家庭教育环境,共同担负教育幼儿的任务。”虽然幼儿园、家庭、社区合作的教育效果已被社会民众广泛认可,但由于三者所处的地位、环境的不同,其落实到行动中还有很多的不足。例如,由于家长的价值取向不同和家教观念各异,使家教行为大相径庭;家庭和幼儿园缺乏双向交流和沟通,使家庭教育和幼儿园教育不能达成一致。因此,加强幼儿园与家长的公共关系的管理具有重要的现实意义。

(一)指导家庭教育,形成家园教育合力

《幼儿园教育指导纲要(试行)》指出:“家庭是幼儿园重要的合作伙伴。应本着尊重、

平等、合作的原则，争取家长的理解、支持和主动参与，并积极支持、帮助家长提高教育能力。”家庭对幼儿的行为习惯、性格塑造有很大的影响，这是由家庭背景、家庭环境、家庭成员的素养不同所决定的，这种影响可能是积极的或是随意的、片面性的，也可能会伴随幼儿的整个成长过程。而幼儿园教育目标是根据我国的教育方针和幼儿的年龄特点确立的，在一定程度上反映了社会的发展需求以及家庭对幼儿成长的期许。所以家庭教育必须得到幼儿园教育的正确指导与帮助，使其更科学、更合理，才能促进幼儿健康成长。

由此可见，家园教育的结合是促进幼儿成长与发展的最佳状态，也是最有力的保障。幼儿园要通过开展与家长的公共关系活动，指导家庭教育，使幼儿园与家长在教育思想、原则、方法等方面形成统一认识，帮助家长了解幼儿园保教工作的目标、内容、方法，为家长提供更多了解幼儿、了解幼儿园的机会。帮助家长获取更多的育儿经验和信息，丰富和充实家长的育儿知识，形成家园教育合力，双方配合一致，共同促进幼儿的健康发展。

（二）综合家长资源，实现家园教育互补

幼儿园教育与家庭教育各有优势。幼儿园教育的优势在于幼儿园是专门的教育机构，幼儿教师是具有专业技术资格的专职教育工作者，懂得幼儿身心发展特点和规律，掌握科学的幼儿教育方法，他们对幼儿进行有目的、有计划、系统的教育活动。家庭教育通过家长的“耳濡目染、言传身教，以身作则、潜移默化”，让幼儿在宽松、美满、和谐的家庭氛围中接受直接教育，更有易于幼儿接受。同时，各种不同的职业和具有各种不同的文化背景的家长，也能够带给幼儿园丰富的教育内容，为幼儿园的教育需要提供多种支持和服务，幼儿园可以从他们所拥有的专业知识和工作经验中获得帮助。

因此，幼儿园要充分认识到家长本身就是幼儿园宝贵的教育资源，幼儿园与家长的公共关系，既不是传统意义上的“家长工作”，也不是一方为主的“配合”，而是两个同样肩负着人生启蒙教育重任的社会组织及其成员之间的携手。幼儿园要通过沟通和协作，建立良好的公共关系状态，充分挖掘和利用家长们的教育资源，实现教育互补。

（三）密切家园互动，树立优质办园形象

家长是幼儿园的服务对象，幼儿园与家长的关系是服务与被服务的关系。但从幼儿园的教育与管理过程看，家长又是幼儿教育的合作者，家长自身是重要的教育力量和资源，幼儿园教育要取得成效，必须得到家长的积极配合和参与，家长的关心、支持和监督评价是搞好幼儿园管理、提高工作质量的促进因素。

密切家园互动可以从两方面考虑。一方面，密切家园合作关系，需要幼儿园与家长之间的相互了解、理解和谅解，缓和幼儿园与家长对彼此的高期望落差，实现双方的互相支持。因此，幼儿园必须认真对待与家长的公共关系，沟通交流、联络感情，减少不必要的冲突，缓和二者可能存在的各种摩擦和矛盾，协调各种分歧，实现幼儿园与家长的良好互动。另一方面，家长是幼儿园走向社会、获得广泛理解支持、扩大教育和服务影响力，以及树立自身形象的重要中介和桥梁。家长是幼儿园对外宣传最为重要的、最有说服力的公

众,他们对幼儿园哪项工作做得好、哪些方面有特点、师资水平、管理工作等有一个最为直观的印象,他们会很容易地把这些印象传播出去,扩大幼儿园的教育和服务影响力。所以,密切家园互动,能够获取家长的理解和支持,树立优质办园形象,宣传办园特色,扩大社会影响。

二、幼儿园与家长的公共关系的内容

(一)畅通幼儿园与家长沟通的渠道

幼儿园与家长之间的有效沟通是幼儿园与家长公共关系工作的首要内容,也是实现幼儿园与家长合作的重要前提。畅通幼儿园与家长的沟通渠道,使幼儿园可以了解幼儿的家庭环境与家长的教养方式等,有针对性地对幼儿进行教育和提供帮助,并及时获得各项工作的家长反馈信息,发现工作中的不足,以此确定下一步工作的方向,不断提高幼儿园教育和管理水平。同时,采取多种联系沟通方式,帮助家长及时了解幼儿的在园情况,了解幼儿园的教育要求等,与幼儿园配合一致地对幼儿实施教育。作为教育合作者,教师和家长通过加强联系,及时沟通情况,化解相处矛盾,促进相互交流学习,共同探讨有效的教育途径,从而积极协调配合,实现同步教育。

(二)介绍和宣传幼儿园

幼儿园作为正规教育机构,幼儿园教师及其他工作者作为专职教育人员,要主动承担起介绍和宣传幼儿园教育、指导家长的责任。特别要注重通过多种方式向家长宣传国家的教育方针,引导家长树立正确的教育观念。要在了解幼儿家庭教育状况的基础上,有针对性地宣传科学育儿知识,介绍或传授具体方法,帮助家长创造良好的家庭教育环境。

(三)为家长提供有效服务

幼儿园为家长提供服务,可以提高家长对幼儿园的认可程度,树立幼儿园良好的品格形象,这是幼儿园应该重视的重要公共关系方式。幼儿园兼有教育性、社会福利性,不得以营利为唯一目的。幼儿园要了解家长的需求、存在的困难和问题等,尽力帮助解决。幼儿园要分析自身条件,发掘内部潜力,采取多种形式主动为幼儿家长提供所需要的相关服务,较好地发挥幼儿园的社会职能。

(四)组织家长参与幼儿园生活

组织家长参与幼儿园的生活,是幼儿园与家长公共关系工作的一个重要内容,也是现代幼儿教育日渐发展的趋势。家长的参与是多方面的,主要是参与幼儿园的教育活动、管理工作,以及支持与参与幼儿园环境创设、改善办园条件等。让家长参与幼儿园的保教和管理工作,充分整合、利用家长资源,既支持了幼儿园的各项工作,又可以进一步引起家长对幼儿园的关注和理解。每个家长都有自己独特的能力和条件,当很多家长把自己的才能注入幼儿园中,等于每一个幼儿都有机会吸收多种不同的营养,家长的参与不仅让自己的孩子受益，也让别的孩子受益，让幼儿的整体素质提高，这样，自己的孩子有益友为伴，形成良性循环。在参与幼儿园生活的过程中，家长自身也得到了成长。

三、幼儿园与家长的公共关系的构建方式

（一）与家长交流信息的方式

1. 入园、离园时的交谈

入园、离园时的交谈是教师与家长交流信息最简便、最经常和最及时的方法。教师可以利用家长到园接送孩子的时间与家长交谈，沟通幼儿一天的生活、学习情况，家长也可以将幼儿在家的情况跟教师交流，交换教育看法和建议，商讨问题解决的方法。

教师与家长的这种交谈，时间比较短，内容不宜过多，必要时可以另约时间作较长时间的谈话。这种有明确目的的事先约定的个别谈话，教师均应做好准备，包括汇集、分析有关孩子发展的材料，准备提出的问题及解决问题的初步设想。在交谈时，教师不仅态度要诚恳，还应该设法营造宽松的氛围，使家长消除思想顾虑，轻松地参与交谈。

8.2 如何与家长约谈

2. 家园联系簿

家园联系簿是教师与家长围绕孩子的发展与教育进行书面联系与交流的形式。现在有些家长工作繁忙，难以抽出时间与教师经常交谈，在这种情况下使用家园联系簿显得尤为重要。

家园联系簿所写内容要具体，不能空泛，也不能写成流水账，要侧重反映幼儿的变化与新的情况，要围绕幼儿园的教育目标和近期的教育任务，结合幼儿个体发展实际来写。家园经常、不间断地交流信息，相互配合促进幼儿的发展。时间长了，联系簿就成了幼儿发展与教育的宝贵资料。

通过家园联系簿，还可以发现家庭教育中值得注意的问题。比如，在某班的家园联系簿上，家长向教师所反馈的大都是孩子在知识技能上的进步与问题，很少关注孩子性格、行为习惯方面的问题。这就是一种十分重要的信息，通过分析、研究，可以为教师设法端正家长的教育思想提供依据。

3. 家访

家访是家园联系常用的一种重要方式。家访的目的在于深入了解幼儿在家中的真实情况，家长对幼儿教育的认识、态度和方法，家庭及其周围环境对幼儿身心发展的影响。针对个别幼儿的具体表现，与家长共同商讨教育幼儿的措施，以及介绍幼儿在幼儿园的成绩、进步与存在的问题，争取家长与幼儿园的密切合作。家访体现着幼儿教师对幼儿的亲切关怀，对家长的尊重与理解，对顺利完成教育任务的强烈责任感。

幼儿园应要求教师有计划地对全体幼儿和家长进行家访。每次家访应明确目的、要求，防止告状式、谴责式、浏览式的家访。家访一般安排在学期末或学期初，特别在幼儿入园前进行家访非常重要，可以取得家长配合，使幼儿同教师建立初步信任关系，有益于幼儿尽快实现过渡与适应。

4. 网络平台

随着互联网信息技术的发展，互联网已普遍走进我们的生活和家庭。幼儿园利用网络资源与家长进行沟通与交流是一条便捷之路。幼儿园可以建立幼儿园网站进行对外宣传，为家长设置专门的沟通渠道。以班级为单位，设置专门的育儿论坛或博客专区。借助该平台，教师和家长及时交流、沟通信息，集中处理家长留言信息，更科学合理地支配时间，提高工作效率。家长可以提出问题讨论，在交流中获得更多的教育经验。

（二）宣传和介绍幼儿园的方式

1. 家教园地

目前，大部分幼儿园都设有家教园地，有面向家长的，有各班自办的。面向全体家长的家教园地内容一般都是介绍有关家教新观念、家教好经验、保健小常识、季节流行病的预防、亲子游戏等。各班的家教园地内容有介绍本班近期教育目标，需要家园合作的教育内容、孩子的发展情况与一些有针对性的家教指导性文章等。家教园地应办得生动活泼，能吸引家长，文章、资料要短小精悍，可由教师编写，可摘录家教报刊的内容，也可以由家长提供经验、体会等。家教园地应设在家长接送幼儿的必经之处，内容要经常更新，以方便家长浏览。

2. 教学开放日

教学开放日是指幼儿园定期或者不定期地向家长开放教学活动，这也是家长工作的一种好形式。教学开放日那天，幼儿园将届时邀请家长来园观察和参观幼儿园的活动。家长观察或参加幼儿园活动，可以从中具体了解幼儿园的教育工作的内容、方法；可亲眼看到自己的孩子在各方面的表现，得知孩子的发展水平及与伙伴交往的状况，特别是可看到自己的孩子在与同龄幼儿相比较中显示出的优势与不足，从而有助于家长深入了解孩子，与教师合作有针对性地教育孩子。同时，家长在观察与参与活动的过程中，还可以观察到教师的教养态度、教养方法和技能。幼儿园教师是接受过学前教育的专业人员，对幼儿的教养能遵循正确的教育原则，比较注意根据幼儿的年龄特点和个体差异，采取相适应的方法，这对家长来说也是一种实地学习，会有助于改善家长的教养行为，帮助家长掌握一些幼儿的教养方法。

3. 家长会

家长会是一种重要的家园工作形式，可以在全园或以班级为单位召开家长会，必要时也可将二者结合进行。可以在学期初、学期末，或是依据需要和计划召开家长会，报告幼儿园或班级工作情况，提出一般性教育要求，回答家长普遍关心的问题。也可以通过家长会有针对性地征求家长意见，或使家长了解幼儿园、班级面临的实际问题与困难，取得家长的理解、协助和支持。

（三）提供家庭教育服务的方式

1. 家教经验交流

家教经验交流是幼儿园组织的家长教育家长的一种有效方式。在幼儿家长中不乏一些教子有方的家长，请他们谈谈对家庭教育的认识、谈谈家庭教育的经验，他们的现身说法一般都很生动、实际，说服力强，具有可操作性。幼儿园教师在与幼儿家长进行日常沟通与交流时，要积极发现和积累家长中的家教好经验、好典型。如培养幼儿独立性及良好行为习惯方面的经验，教育幼儿关心老年人的经验，以及如何做好祖辈工作，实现家庭成员对幼儿教育一致性的经验等。这样的交流可以是幼儿园有目的、有计划、有组织地进行的，也可以创造条件让家长面对面地交流。

2. 家长学校

家长学校是普及家教知识的有效渠道，是幼儿园开展家长工作的重要方式。家长学校是以幼儿园为主，部分家长志愿者参与的，通过向家长讲授学前儿童家庭教育知识，宣传党和国家的教育方针政策，介绍现代教育理念，从而提高家长的自身素质和家庭教育水平，提高家庭教育的科学性，促进幼儿健康成才的组织。家长学校的任务是系统地向家长讲授教育子女的科学知识，有些幼儿园虽未办家长学校，但也常适时举办家教专题讲座、报告会、开展咨询和经验交流等其他形式的教育活动。

幼儿园举办家长学校或家教讲座，必须做到理论联系实际，内容具体，深入浅出，多举实例，集家长所需、所想，解决家教中的偏颇和家长在教育上的困惑；既要提高家长的认识，又要帮助家长解决操作性的问题，只有这样才能受到家长欢迎，收到良好的效果。给家长讲课切忌照本宣科，死板地按学前教育理论体系中的幼儿生理学、心理学和教育学的理论知识去讲，要结合实际案例进行分析，用理论去指导实际。对文化水平低的家长，更要采用通俗易懂的语言讲述科学育儿的道理，避免使用诸如“认知”“亲社会行为”等专业名词术语，使家长似懂非懂，收不到预期效果。

（四）家长参与幼儿园活动的方式

1. 助教活动

幼儿园可以通过请家长义务助教的方式，让家长参与幼儿园的日常教育和管理工作。如邀请当医生的妈妈到幼儿园指导幼儿开展医院区角游戏；邀请当交警的爸爸向幼儿介绍交通规则和相关标识；邀请在银行工作的家人向幼儿介绍存款和取款的操作知识；与在邮局工作的家长联系，组织幼儿到邮局参观；组织文化水平较高的家长参与幼儿课程资源的开发等。家长通过助教活动，一方面可以理解教师工作的辛苦，加深对教师工作的理解；另一方面能更多地和幼儿进行亲子互动，还能增强家长参与幼儿园生活的积极性和主动性。

2. 亲子活动

幼儿园亲子活动是幼儿园组织的，家长和幼儿共同参与的活动，它是一种有助于增进教师与家长、家长与幼儿情感交流的集体活动形式。幼儿园可以利用不同节日、不同季节等，根据不同年龄阶段幼儿的发展水平，开展多种形式的亲子活动。如每年六一儿童节、元旦，家长、幼儿和教师一起联欢，亲子同台演出；春季或秋季运动会家长和幼儿一起参加比赛项目；每年的学前教育宣传月组织家长参加活动等。在一系列需要家长和幼儿共同参与的活动中，促进亲子交往，建立密切的亲子关系，也可以加深家长对幼儿园的理解与感情。

3. 家长委员会

《幼儿园工作规程》中指出："幼儿园应当成立家长委员会。"家长委员会由家长代表组成，是幼儿园民主管理的组织形式。家长委员会使幼儿家长以合作者的身份，通过提出合理化建议与意见，参与和协助幼儿园的教育和管理，促进幼儿园和谐发展。

幼儿园应重视建立家长委员会，要注意维护广大家长的权益，发挥家长组织的作用，更好地调动广大家长的积极性，使他们参与到幼儿园的教育与管理工作中来。家长委员会作为幼儿园与家长联系的桥梁，可以增进家庭和幼儿园间的信息传递，及时反映家长对幼儿园工作的意见和建议，以团体的影响力参与幼儿园的决策。同时又可以协调家长间、家长与幼儿园之间的关系，加强家长之间的联系，协助幼儿园做好家长工作。家长委员会的建立，还可以较好地发挥家长作为重要教育力量和教育资源的作用，配合、参与幼儿园的教育与管理，帮助和促进幼儿园工作的不断改进。

第三节　幼儿园与社区的公共关系

《幼儿园工作规程》中指出："幼儿园应当加强与社区的联系与合作，面向社区宣传科学育儿知识，开展灵活多样的公益性早期教育服务，争取社区对幼儿园的多方面支持。"

所谓"社区"，是指比较完善的社会生活小区，是社会的一个缩影。每一所幼儿园都处于一定社区之中，是社区的细胞组织，与社区中的其他单位和人群发生着各种各样的联系。幼儿园与社区的公共关系的目的是建立良好的合作关系，共同为幼儿的健康成长服务。幼儿园与社区的合作实际上是以社区为依托，充分利用社区的现有资源，为幼儿创设开放的、广阔的教育空间。幼儿园的社区关系就是幼儿园的"区域关系""地方关系""邻里关系"，是指与幼儿园地域上相邻、利益上相关的一种公众关系。幼儿园与社区的关系是彼此之间的双向互动和合作关系，既包括社区对幼儿园的理解、支持和帮助，也包括幼儿园对社区的支持、开放和服务。幼儿园与所在社区自然地体现出一种相互服务的关系。

一、幼儿园与社区的公共关系的意义

《幼儿园教育指导纲要（试行）》明确指出："幼儿园与家庭、社区合作，引导幼儿了解自己的亲人以及与自己相关的各行各业人们的劳动，培养其对劳动者的热爱和对劳动成果的尊重。""充分利用自然资源和社区的教育环境扩展幼儿生活和学习空间。"这充分说明了幼儿园与社区合作的重要性，也明确了幼儿园与社区的公共关系建设的重要意义。

（一）社区关系影响幼儿园的生存环境

社区如同幼儿园扎根的土壤，没有良好的社区关系，幼儿园就会失去立足之地。幼儿教育具有地方性、地域性特点，是一种社区性的教育，是地方性社会公益服务。幼儿园的活动直接受社区的制约，需要依靠本地的资源来发展自己。社区关系还直接影响着幼儿

园其他各方面的关系，如员工家属关系、本地劳动就业关系、地方媒介关系、地方政府关系等。因此，幼儿园需要将社区作为自身发展的一个组成部分，将社区公众视作“准自家人”。

（二）社区关系影响幼儿园的公众形象

幼儿园的社区公众涉及当地社会政治、经济、文化等各个方面，类型繁多，涉及面较广，对幼儿园客观上存在着各种不同的影响、要求和评价。由于处在同一社区，因此公众对幼儿园的某一种评价和看法就容易互相传播，形成区域性的影响，从而形成幼儿园的某一种公众形象。一所幼儿园如果没有良好的社区关系，就很难在社会上获得好的声誉。为此，幼儿园要主动承担必要的社会责任和义务，像爱护自己的家园一样爱护社区，在社区的物质文明和精神文明建设中发挥作用，为社区公众多做贡献。

（三）社区关系能够为幼儿园扩展教育资源和空间

《幼儿园教育指导纲要（试行）》中明确提出，幼儿园要充分利用自然环境和社区的教育资源，扩展幼儿的生活和学习空间。幼儿园需要更新教育观念，树立大教育观，认识到幼儿园的教育资源和环境绝对不能仅仅局限于幼儿园的小环境内。幼儿园教育要充分利用社区特有的自然和人文环境优势，努力构建幼儿园与社区教育合作一体的长效机制，不断提高幼儿园的教育和管理质量。

二、幼儿园与社区公共关系的内容

幼儿园建立良好的社区关系是为了争取社区公众对幼儿园的了解、理解和支持，为幼儿园创造一个稳固的生存环境，同时体现幼儿园对社区的责任和义务，通过社区关系扩大幼儿园在本区域的影响。幼儿园与社区公共关系的内容包括以下几方面。

（一）了解社区机构和社区文化

幼儿园对社区的权力机构和社区文化的了解是建立融洽和谐的公众关系的基础。社区内的文化传统与风俗、社区内成员及家长的受教育程度、社区内各类媒体的基本情况、社区内政治和经济状况等都是幼儿园发展的外部社会环境，对幼儿园有着潜在的影响。因此，幼儿园在对社区开展公共关系时要掌握这些资料，以便让幼儿园全体职工全面了解社区的可利用资源及其利用策略，并知晓社区对幼儿园的期望和要求。

幼儿园获取社区信息的方式有社区调查、家庭访问、拜访社区机构、参与社区活动及召开家长座谈会等形式。

（二）发掘社区资源，争取社区公众对幼儿园的支持

幼儿园要注意争取社区各方面人力、物力、财力等的支持帮助，努力办好幼儿园，提高教育质量，为家长和社会提供更好的服务。

幼儿园可以组织利用社区人力及智力资源，如吸收热心学前教育或学有专长的家长

来园,发挥其智力或特长优势,协助教师组织幼儿活动,传授专业知识技能等,这种方式对扩大幼儿的社会接触、增长见识很有益处;同时,还可以发挥退休老教师的余热,担当幼儿园保教指导,现场培训年轻保教人员,或是为社区家长办培训班,宣传科学育儿的知识方法。

幼儿园可以利用社区物力资源,创造有利于教育的条件。如收集社区内部门或企业公司的闲置物资、废旧物品等,在符合幼儿园卫生和安全要求的前提下,变废为宝,作为幼儿的活动材料;空间场地窄小的幼儿园,可以将社区公共设施,如社区广场、儿童乐园等环境条件加以利用,开展户外活动;农村幼儿园可以充分利用广阔田野、乡土材料等得天独厚的自然环境条件。

幼儿园可以争取社区的财力支持。幼儿园应基于教育成本核算与幼儿园再发展的需要,遵循国家有关政策,确立合理的收费标准和额度。还可以通过争取效益好的企业、公司赞助等办法募集经费,用于改善办园条件,为幼儿创造良好的生活学习环境。

(三)开放教育资源

幼儿园的教育资源是社区共有资产,取自于社会,特别是社区,应用于社会、社区。幼儿园管理者要打破部门所有观念,开放办园,实现资源共享,为社区居民与儿童提供更多的教育与服务,更好地发挥其社会效用。

幼儿园作为专门的学前教育机构,承担着教育宣传的任务。要把向所在社区及公众宣传党和国家的教育方针、进行正确教育思想观点的指导和影响、传授科学育儿知识作为自己服务社区的重要任务。幼儿园应该发挥正规教育的主导作用,影响家长乃至社区公众教育观念和行为方式,树立“儿童优先”“尊重儿童”的公民意识,在全社会逐步形成正确的教育价值观、质量观。如园长或保教主任可以在社区内组织讲座,开展家教热线,对家长日常育儿中的疑难予以咨询指导;举办家长学校,系统宣传科学的家教知识和方法等,使幼儿教育得到更广泛的理解、支持,并推动家庭教育、幼儿园教育、社区教育一体化建设。

在保证正常教育的前提下,幼儿园的房舍、场地、教育设施设备等,可以对社区开放,为社区内散居儿童及其家长提供一定的教育条件。如适当开放园所场地;举办周日开放日,吸引散居幼儿的家长来园活动;开展玩具、图书借阅等活动,充分利用幼儿园教育资源,更好地发挥社会效益,扩大学前教育的受益范围。

(四)参与社区公益活动

幼儿园作为社区的一个细胞,既为社区提供文化和教育服务,又需要从社区获得文化、人力和物质环境等方面的帮助。幼儿园应摒弃只在园内搞教育的弊端,积极投身到社区组织的各种活动中,既以自身的力量塑造社区文化,又扩大幼儿园的教育功能,创造出更为广阔的天地。

幼儿园管理者与教师要积极参与社区公共事务。如参加社区服务性机构工作,参加教师家长联席会、家长咨询委员会及社区教育委员会等组织,与社区及公众建立并保持长期持续不断的联系,加强相互沟通了解,逐步培养起相互信任和配合协作的良好关系,共同搞好社区幼儿教育事业。

对社区一些公益活动，如社区环境地段卫生、社区植树绿化、社区交通安全等活动，幼儿园一定要主动关心，配合支持，并积极参与。

三、幼儿园与社区的公共关系的构建途径

幼儿园与社区公共关系构建的目标是建立良好的合作关系，幼儿园与社区建立平等、互助、合作关系的有效途径包括以下几个方面。

（一）构建良好的沟通平台，共同承担职责

由于缺乏政府扶持和政策导向，幼儿园与家庭、社会合作共育缺乏权威的管理机构，这使得三方的交流与合作具有随意性和不稳定性。社区作为政府的一级基层职能组织，其在早期教育中扮演着很重要的角色。首先，社区要重视幼儿教育，因为幼儿教育不只是家庭的事，也是社会共同关注的问题，例如入托难的问题、特殊儿童的教育问题、经济困难家庭的幼儿教育问题等，这些都是存在于社区中，也是社区应该积极协助解决的问题。其次，需要家庭、幼儿园、社区做好大量的宣传工作，倡导科学的教育理念，调动社区所有力量，尽可能为幼儿教育提供全方位的服务，让全社会都来关注幼儿教育，关注幼儿成长，从而深入人心，使家庭、幼儿园、社区合作共育工作顺利开展。

（二）发挥各自优势，进行平等互助

《儿童权利公约》提出“让每个儿童有更好的未来”，并强调儿童有受教育权，幼儿教育应让每一个幼儿都能受到良好的教育，这是幼儿园、家庭和社会的共同责任。幼儿园作为幼儿教育的专门机构，应积极主动地承担起社区幼儿教育的责任，发挥自己的专业优势，与社区教育密切结合关系，努力构建平等、互助的合作。幼儿园要主动接纳社区内适龄幼儿入园，或者吸收一部分外来务工人员、困难家庭的子女入托，解决家长和社区的后顾之忧；社区也要发挥自己在社区内的人力、物力和财力资源的优势，为幼儿园提供方便的服务，努力创设良好的外部教育环境。

（三）充分利用资源，实现和谐发展

1. 充分利用社区环境资源

社区环境资源是非常丰富的活教材，它向幼儿展示了真实具体、形象生动的学习内容。例如，社区的图书馆、博物馆、大学、超市等可作为幼儿的社会实践基地，通过实践基地的活动，可以培养幼儿探索和认识各类事物及环境的兴趣，通过亲身体验，可以积累丰富的感性经验，提高对周围生活环境的感知与认识。

2. 充分利用社区人力资源

在社区居民及家长中，有着不同文化素养及职业特长的人力资源，如医生、律师、建筑设计师、警察、教师等，他们对幼儿园来说是潜在的、丰富的教育资源。幼儿园可以有计划地定期请不同职业的人士走进幼儿园，为幼儿组织活动，让幼儿获得不同的信息，了解不

同的职业特点。同时，也使家长和社会各界人士更深入地了解幼儿教育，从被动的旁观者变成主动的实践者，为幼儿园提供鲜活的课程，使得幼儿的学习内容更加贴近自己熟悉的生活，让幼儿在生活中多方位地进行探索，培养幼儿的兴趣。

3. 充分利用社区物力资源

社区整体的设计规划、完善的设施、各种社会服务机构以及工作人员都是对幼儿进行教育的可充分利用的资源。幼儿园要结合对幼儿教育的实际需要，有目的地、及时地、合理地选择幼儿感兴趣的题材，将幼儿从“幼儿园”里带到“真实的社会情景”中去，给幼儿创造自由想象、充分发挥的空间，让幼儿在亲身体验中学习，在实践中感知，积累经验。例如，为了丰富幼儿的日常生活经验，丰富幼儿的社会情感，提高幼儿的游戏水平，教师可以组织幼儿到社区超市进行生活观察，了解售货员的工作流程，激发幼儿的游戏兴趣，加深对游戏规则的理解，培养幼儿的独立意识。还可以组织幼儿参观理发店、银行、邮局、饭店等，让幼儿通过与社区内各行各业工作人员进行语言交流，培养幼儿的口语表达能力和社会交往能力。

4. 充分利用双方资源的互动

社区和幼儿园在双方资源的相互挖掘和有效利用中，通过积极互动，可以使幼儿获得最佳的教育效果，使幼儿园树立优质形象，也有助于社区精神文明建设。

幼儿园作为社区的一部分，既依托于社区而发展，又承担着为所在社区服务的功能。要发展幼儿教育，幼儿园必须向社区全方位开放，增强与社区的联系，了解并满足社区多样化的需求，扩大社会服务功能。幼儿园还要发挥幼儿教育的主导作用，加强园风建设，提高教师素质，树立良好形象，去赢得家长、社会的认可。积极、主动地利用在幼儿教育中的专业优势，努力改善社区幼儿教育环境，使幼儿教育成为社区教育的一个闪光点。

幼儿园、家庭、社区是影响幼儿发展的主要环境，各自都蕴含了丰富的教育资源和教育内容，只有三者做出良好的协作才能够在幼儿教育工作中发挥出巨大的作用，而三者共同协作的关键在于形成良好的公共关系。在构建三者公共关系的过程中，需要从思想上、制度上、行动上做到有效管理，加强公关工作的计划性，建立健全各项制度，注重专业培训与指导。尤其要重视建立良好的沟通环境，在沟通与协作的过程中，应当本着平等的原则，以幼儿园为主导实现信息的共享，同时三者应该互相听取意见与想法，在互相理解的基础上开展三者协同教育工作，开发并探索幼儿园、家庭、社区合作共育的有效模式，促进幼儿身心全面发展。

案例分析

一天早上，一位家长带着6岁的儿子气冲冲地跑到办公室找园长，说他儿子昨天被老师罚站了一个小时，小孩还说老师用板擦敲他的头。家长很生气地说要告老师虐待，接着大肆批评幼儿园的制度，还说该幼儿园的老师都不正常，不是生理问题就是心理问题。园长极力安抚这位家长的情绪，并告诉家长会认真调查，给予合理的解释。家长这才悻悻地走了。

园长随即向孩子的老师了解事情的经过，发现这个孩子近一年多来一直让老师头疼，上课总是调皮捣蛋，不仅自己不好好听课，还总是捣乱，不让其他孩子专心学习。除此之外，他在户外活动时不是推人、咬人，就是捡小石子打人，不遵守幼儿园的生活卫生制度，有一次甚至在树下小便。老师也常常向孩子的母亲反映问题，她总是向老师道歉，情况却不见改善。听到这里，园长不禁皱起了眉头。

分析：这个案例反映出加强幼儿园与每个家庭伙伴关系建设的重要性。《幼儿园教育指导纲要(试行)》中明确指出："家庭是幼儿园重要的合作伙伴，应本着尊重、平等、合作的原则，争取家长的理解、支持和主动参与，并积极支持帮助家长提高教育能力。"

就此案例中的教师而言，她面对的是一个较难管理的孩子，给日常的班级生活和学习管理带来了很多困扰和麻烦，向家长反映后效果也不大，于是无奈之下，教师忍不住体罚孩子，引起家长的强烈不满，造成家园关系紧张。客观地分析，教师的做法欠妥，因为任何教师的行为，在家园关系中都不能仅仅看作个体行为，在家长的心目中每个教师都代表着幼儿园的教育教学水平，代表着幼儿园的形象。作为教师要学会坦然面对指责和委屈，更要学会化解矛盾与误解，提高公共关系的意识与能力。

就家长而言，现在许多家长的浮躁心态、功利心态，以及对学前教育规律的不了解，是造成他们对幼儿园、教师产生误解的主要原因。案例中家长认为孩子受了委屈，教师的教育方法有问题，但她解决问题的方法欠妥。首先，教师向该家长反映过其孩子在幼儿园的不良表现，但家长并没有对孩子进行有效的引导教育，也没有和老师就孩子的情况探讨、协商，家长自身工作不到位；其次，出问题后家长找幼儿园"算账"，还把对个别教师的不满扩散到全园，波及其他老师和整个幼儿园制度，反映出家长自身素质有待提高。

就幼儿园而言，要重视与幼儿家长公共关系的建立，要明确责任意识，积极探讨改进家园关系的途径。教师与幼儿家长之间要建立持续的沟通与互动，及时交换幼儿教育方面的意见，使家长对幼儿在园状况有所了解，充分反馈自己的意见、理解教师及其工作，建立相互信任与理解的关系，增进彼此合作、消除误会。

在此案例中幼儿园要诚恳地向家长道歉，并关怀小朋友，取得家长对幼儿园教师的谅解。然后与家长心平气和地针对孩子的问题共同商讨合适的改进策略，家园共同努力，帮助幼儿进步。

案例讨论 1

一天早上，一位家长找到园长，反映女儿丽丽的班级网页及集体照上没有女儿的照片，她认为这伤害了孩子幼小的心灵。家长说自己急于向园长反映这一情况，可费了好大劲才找到园长。园长立刻和孩子班主任交流，原来那天丽丽因为身体情况错过了拍照。当天孩子离园时园长及班主任向家长和孩子表达了歉意，说明了情况并把改好的班级网页给她们看，集体照上有了笑眯眯的丽丽。

可是，家长的"急于向园长反映，可费了好大劲才找到"这句话引起了园长的思考。

问题：

1. 如何构建开放、互动的新型家园关系？

2. 在网络时代,幼儿园如何利用网络技术加强公共关系的建设与管理?

案例讨论 2

一名家长正在为3岁的儿子做入托准备,就在小区幼儿园周六的开放日带孩子去实地考察。在值班教师的陪同下,他们进入了小班,看到幼儿园小班的孩子们正在开心地玩游戏,小男孩就不由自主地参与其中。值班教师便向家长介绍幼儿园的情况,突然,小男孩大声哭起来。保育员连忙上前,看到男孩尿裤子了。保育员马上抱起男孩,找来一套干净的园服,先帮他清洗干净,再帮他换上裤子。男孩又若无其事地和其他小朋友一起玩去了。保育员再将尿湿的裤子洗干净,交还给家长。几天后,这位家长就给这个男孩办了入园手续。

问题:

1. 为什么这位家长会很快地为孩子选择这所幼儿园?
2. 如果你是一名幼儿园教师,在建立家园合作关系中应该怎样做?

(提示:从幼儿园与家长公共关系的建立方面进行分析。幼儿园每一名教职工的每一个举动、每一句话语,都是公关工作的内容,都关系到公共关系的建立。)

案例讨论 3

由于某医院附属幼儿园孩子的家长大多是医院的医护人员,所以虽然该幼儿园并非是寄宿制幼儿园,但却是24小时开放的,因为经常有家长因有急诊任务而把孩子寄放在幼儿园。还有一些年轻的家长,不来接孩子,而是打个电话告诉教师今天不能来接孩子了,请代为照顾。时间一长,教师开始有了抱怨,园长不知应不应该继续提供这样的服务。

问题:

1. 如果你是园长,你将如何处理这一事情?
2. 你觉得处理这一问题的关键是什么?幼儿园是否有必要继续这一服务?

思考与练习

1. 幼儿园公共关系的含义。
2. 幼儿园公共关系的职能。
3. 幼儿园与家长的公共关系在幼儿园管理中的意义。
4. 幼儿园与社区公共关系的构建方式。

实践与训练

项目：幼儿园与社区的合作共建。

内容：制订一项幼儿园与社区开展合作共建活动的计划。

要求：

(1) 以小组为单位，到所熟悉的幼儿园对幼儿园、社区的资源进行分析，结合教育资源确定主题。

(2) 明确活动目的、实施步骤。

(3) 说明注意的事项。

(提示：合理利用幼儿园、社区的双方资源。与社区有关部门进行沟通，取得认可和支持。)

第九单元 幼儿园品牌与特色建设

学习目标

1. 了解幼儿园品牌的含义、幼儿园特色的含义。

2. 理解幼儿园品牌的价值和功能。

3. 掌握幼儿园品牌创建、幼儿园特色创建的策略。

4. 能够运用所学习的相关知识对幼儿园的品牌、特色予以识别。

课程导入

对于品牌，每个人都不陌生，在社会的不同领域都存在着品牌优势，人们会趋同它，也会让人肃然起敬，这就是品牌的魅力。在市场经济条件下，教育品牌的竞争力已不容忽视。现在幼儿家长总是希望自己的孩子能够上本地的品牌幼儿园，把幼儿园在本地的影响力作为选择幼儿园的最为重要的因素。品牌已经成为幼儿园赢得家长青睐、求得生存与发展的关键。一个幼儿园要取得持续的成功，就要打造自己的品牌、形成品牌的"品格"魅力和核心思想，这样幼儿园才能在幼儿教育领域立于竞争的不败之地，获得长足的发展。

第一节 幼儿园的品牌

一、幼儿园品牌的含义

（一）品牌

品牌是一个价值主张，是企业的一切传播和营销活动必须围绕的核心。品牌是由名称、标志、象征物、包装、口袋、口号、音乐或其组合等一些区别竞争的符号而联想到的，基于价值的消费者与组织或个人之间的关系及其所带来的无形资产。

一个完整的品牌应该包括品牌符号、品牌核心价值、品牌联想、品牌关系和品牌资产这五个方面，越是内容全面的品牌，越是强势品牌。

（二）幼儿园品牌

幼儿园品牌是一种标识，是幼儿园综合品质的表现，是以文化底蕴为内涵的无形资产。幼儿园品牌具有一切品牌所具有的共性，是幼儿园的核心竞争力和最宝贵的资产。

幼儿园品牌主要由定位、形象、团队、性格、成果和设施六个方面的要素构成。它们是幼儿园品牌的核心灵魂和幼儿园资源中可贵的印记。

1. 定位

幼儿园教育品牌的定位就是瞄准服务对象的需求特点，从幼儿园实际出发确定核心竞争力。它关系到幼儿园发展的方向，是幼儿园品牌创立的基础。

2. 形象

幼儿园品牌的形象可分为内在形象和外在形象。内在形象主要包括教育质量形象和幼儿园整体文化形象；外在形象则包括幼儿园园名、标识系统及品牌在市场和教育消费者中的信誉。

3. 团队

幼儿园的教职工团队对幼儿园的品牌建立起着极其重要的作用，没有高质量的园长和师资队伍，就不可能形成高品质的幼儿园品牌。优质幼儿园培养名园长、名教师，而名园长、名教师创建品牌幼儿园。

4. 性格

性格是办园个性的体现，是幼儿园品牌与众不同的个性特色，也是形成幼儿园特色的重要因素。

5. 成果

幼儿园的品牌创建成果必然是以幼儿的全面发展、教师的专业发展和幼儿园高质量的办园水平为依托和体现的。

6. 设施

一所幼儿园的园舍外观、环境设备是给社会公众的第一印象，对树立品牌有直接影响。

（三）幼儿园品牌与企业品牌的差异

幼儿园是培养幼儿的，而企业是生产产品的，这就决定了两类品牌的不同。

（1）企业品牌主要是通过产品反映出来，更多的是依靠宣传；而幼儿园的品牌则更多的是通过幼儿园的文化表现出来，靠长期的经验和积累。

（2）企业品牌波动大，比较脆弱，易发生突变；幼儿园品牌稳定性强，变化不是突然的，而是一个渐变的过程。

（3）两类品牌的衡量标准不同。企业品牌可以由价格和服务来表现，通过产品的价格和服务折射出企业的品牌；幼儿园品牌很难由单方面表现，它是一种综合反映，主要通过幼儿园文化与办园理念折射出品牌内涵。

二、幼儿园品牌的价值与效应

（一）幼儿园品牌的价值

幼儿园品牌的价值主要体现在知名度、美誉度和忠诚度上。

1. 知名度

知名度包括公众知名度、行业知名度和目标受众知名度。公众知名度主要是指幼儿园品牌在社会公众中的知晓率；行业知名度是指幼儿园品牌在幼教领域的知晓率或影响力；目标受众知名度（又为向心力），是指在目标家长或幼儿中的影响力。幼儿园的知名度一般经过多年的历史积淀而成，但也有少数的品牌幼儿园，通过运用教育策划理论，进行市场运作，使其品牌的知名度在短期内得以迅速提升。

2. 美誉度

美誉度是指幼儿园获得公众赞许和支持的程度。有知名度不等于享有美誉，美誉度反映了社会对幼儿园品牌的评价。品牌幼儿园一般都受到社会、同行及幼儿的赞扬和支持。

3. 忠诚度

忠诚度是指家长和幼儿对幼儿园的选择程度，一般表现为信任和选择。他们相信幼儿园，选择幼儿园，以能够进入该园为荣。品牌幼儿园往往都有一个相对稳定的、忠诚于该品牌幼儿园的家长和幼儿群体。

（二）幼儿园品牌的效应

幼儿园品牌一旦形成，就会产生以下效应。

1. 聚合效应

聚合效应是指品牌的吸引力聚合人、财、物等资源，得到社会的认可以及社会资本、人才、管理经验甚至政策等倾斜，使品牌进一步稳固，进一步形成规模，不断壮大。

2. 光环效应

幼儿园在品牌光环的照耀下，幼儿园教职工及其幼儿均会受到一种正面的激励和影响。幼儿园品牌的名气、声誉会给政府、社会、家长、幼儿及其他社会公众产生一种亲和力和认同感。家长、幼儿会慕名而来，政府、社会也会给予关心和支持，会给幼儿园的发展创造良好的环境。

3. 磁场效应

品牌幼儿园在社会、家长及幼儿中树立起极高的威望，它就像磁石一样吸引家长和幼儿，成为家长、幼儿最向往的地方。有一个忠实的目标群，就会形成良性循环，幼儿园因品牌而增加知名度，提升美誉度。

4. 内敛效应

内敛效应是指对幼儿园内部员工的凝聚作用。幼儿园成功的品牌形象会使幼儿园的教职工产生自豪感和荣誉感，能够提升精神状态，并逐渐升华成为一种幼儿园文化，使其积极性、主动性和创造性都得到激发和调动，促进幼儿园资源的优化组合，从而提高工作效率，提升幼儿园保教质量。

5. 驱动效应

品牌幼儿园具有龙头带动作用，它既可以对某一城市、地区的幼儿教育发展产生带动作用，也可在教育行业起到带动作用，促进教育的发展。

三、幼儿园品牌创建的意义

在我国学前教育快速发展的今天，打造幼儿园品牌对保证幼儿园的生存和发展具有深远的意义。

（一）保证生源

创建幼儿园品牌有利于提高幼儿园的知名度和社会影响力。人们对钟爱的事物了解得越多，就会倾注更多的感情，这些特殊的感情倾向，必定会影响他们的行为选择。在品牌影响如此强烈的今天，幼儿园品牌能够唤起人们的记忆和联想，有利于强化人们对幼儿园的关爱和感情投入，从而提高幼儿园的竞争力，保证幼儿园生源。

（二）保证教师队伍质量

创建幼儿园品牌，有利于树立良好形象，吸引优秀人才，保证教师队伍质量。幼儿园的竞争本质上也是人才的竞争，而表现突出的则是师资的竞争。在现实的人事制度中，在现实存在的城乡差别的条件下，主要是留住现有的优秀教师。有时精神比物质更能吸引人，因为教师看中的不仅仅是高工资、高福利，更看中的是幼儿园的人际氛围和声誉。在幼儿园品牌影响力下树立的良好的幼儿园形象，能够使教师产生一种荣誉感和自豪感，从而将自己的命运与幼儿园紧密联系起来，形成建设幼儿园的使命感和责任感。

（三）树立优质形象

以优质幼儿园品牌带动提高优质教育环境和优质保教质量，必定会在社会上产生良好的口碑,有利于提高幼儿园的影响力,提升幼儿园的形象,扩大幼儿园的知名度,从而为幼儿园的发展提供更为有利的社会环境,成为幼儿园对抗竞争的有效手段。

(四) 积累无形资产

创建幼儿园品牌,有利于形成和积累巨大的无形资产。在"教育经营"的理念之下,有形资产总是有限的,而幼儿园品牌这一无形资产,必然会带来有形资产的增值,为幼儿园的发展注入活力,更好地利用社会资源来为幼儿园教育服务,实现幼儿园的可持续发展。

延伸阅读

品牌故事——可口可乐的品牌魅力

有人这样比喻过:地球上2/3是海洋,而剩下的1/3已经被可口可乐覆盖了。可口可乐百年不变的神秘配方,从营养上讲已经落后五十年了,而品牌市值数百亿美元的可口可乐公司总裁却骄傲地说:"即使可口可乐失去一切,只要我们保有这个品牌,便会重新拥有一切。"

为什么可口可乐能如此风靡世界近百年,它真的有舒适独特的口感吗?

20世纪七八十年代百事可乐针对可口可乐发起了品味大挑战。百事可乐邀请参与者品尝各种没有品牌标志的饮料,然后要求他们说出哪种口感更好,并对消费者口感测试进行了全程现场直播。百事可乐以事实赢得了成功,有2/3的人都挑选了百事可乐。这成为百事可乐攻击可口可乐最尖锐的口实。

30年过去了,两种可乐的口味都没有发生什么变化,但是可口可乐还是拥有如此多的消费群体。是什么让它保持住百年不变的霸主地位?

30年后的2002年,美国肯勒医学院的神经学教授们又做了一次口味实验。他们动用了最先进的核磁共振造影仪,来测验实验者大脑皮层的活动。在核磁共振造影的监测下,人类无法误传他的大脑皮质反应。

首先,科学家用核磁共振造影仪监测受试者品尝无记名可乐(可口可乐和百事可乐)时大脑的活动状况。结果显示,百事可乐使大脑的腹侧核产生更强烈的反应,而这个区域是大脑产生强化奖赏的区域。在实验初期,选择百事可乐的受试者喝百事可乐时,其腹侧核的活跃程度是可口可乐支持者的5倍。

接着,实验人员又开始测可口可乐的品牌形象影响力,这一回,在品尝前受试者被告之,实验样品是可口可乐。形式随即扭转了,几乎所有的受试者都表示更喜欢可口可乐。非但如此,连他们的大脑活动也呈现出不一样的情形,他们大脑中区前额皮质也发生活动。而这个区域,正掌握着大脑里高水平的认知能力,但百事可乐却没达到相同的效果。当被告之品牌样品为百事可乐时,说喜欢百事可乐的受试者相对少得多。

这就是品牌的力量,借助核磁共振造影仪,品牌的力量第一次得以最直接的测量。

相隔30年的两次实验都证明,相比之下,可口可乐并不见得更好喝,然而,在现实世界中口味并不代表一切,在人脑这样一个精确的神经认知系统中,特殊的品牌力量操控了味觉。

与其说消费者是在品尝可口可乐这种饮料，不如说消费者是以一种更为复杂微妙的方式感受可口可乐这个品牌，这种感受品牌的过程渗透了消费者的情感、记忆，以及其他的影响。

第二节 幼儿园品牌的创建

幼儿园的品牌建设是一个长期积淀的过程，是外在品质和内在品质全面提升的过程。应该从办园理念、幼儿园品牌定位、幼儿园文化构建、幼儿园品牌形象设计、品牌的宣传与推广等方面进行系统设计，持续建设。

一、幼儿园办园理念的提炼

幼儿园的办园理念是幼儿园品牌建设的核心，它体现了幼儿园对一定教育价值的确认和追求，它对幼儿园的办学目标和发展方向有着引导和规范的作用。科学的办园理念能够激励全园教职工坚定地信奉其教育价值观，并让全园教职工对幼儿园的未来充满信心。因此，每个幼儿园都有必要提炼自己的办园理念，并使之成为幼儿园办学的指南针与精神支柱。提炼办园理念应注重以下几方面。

（一）认真思考

各个幼儿园的不同从本质上来说就是其办园理念上的差异。要确定幼儿园的办园理念至少需要思考以下几个基本问题：幼儿园教育的目标是什么？幼儿园的办学方向与理想是什么？幼儿园教育的本质属性是什么？当今时代对幼儿园的要求是什么？幼儿园的课程建设与环境创设有何特点或突出的地方？幼儿园教育质量的评价标准是什么？只有结合幼儿园实际明确这些基本问题，才能提炼出切合本园实际的、富有思想深度与文化内涵的办园理念。

（二）科学提炼

幼儿园的办园理念应立足于本园实际，与幼儿园的办园历史与文化积淀相结合，只有这样才有可能抓住幼儿园的本质特点与精神内核，提出富有本园特色的办园理念。每个幼儿园不管其创办时间的长短，都会有自己的文化与物质基础，而且随着教育实践的开展与深入，最终都会形成属于自己的、他人不可复制的独特传统与集体风貌。只有将这些精神与文化要素在幼儿园的办园理念中体现出来，才能避免办园理念千篇一律的现象。

办园历史悠久的幼儿园与一所刚创办不久的幼儿园在提出自己的办园理念时，显然应有不同的着重点与出发点。对于老园来说，几十年甚至上百年的奋斗历程凝聚了各个不同方面的力量参与到幼儿园建设，梳理其原有的文化积淀与传统，思考如何实现传承与创新的结合变得十分重要，是其办园理念产生的源泉。对于一所新园来说，则应多做横向比较,多向优秀的幼儿园学习,思考如何才能既维护幼儿园教育的基本使命,又在激烈的竞争中脱颖而出,从而产生既富有哲理深度又令人耳目一新的办园理念,引领幼儿园富有个性地、创造性地发展。

(三)努力实践

为了实现办园品质的提升和幼儿园跨越式发展,幼儿园的管理者就要努力实践本园的办园理念,而不要使办园理念仅仅成为一种文字游戏或口号。例如,某幼儿园受到了苏联著名教育理论家和实践家苏霍姆林斯基的教育实践启示,结合本园的办园实际,提炼出"挖掘潜能、展现天赋,促进每一个幼儿富有个性的发展"这一办园理念。这一理念诠释了相信孩子、尊重孩子、用心灵去塑造心灵的教育思想,它指导幼儿园教育应树立平等对待和尊重儿童的教育观,并在教养实践中努力落实这一教育观。这样的办园理念体现了幼儿园教育的精髓,成为幼儿园品牌建设的灵魂。

二、幼儿园品牌的定位

幼儿园品牌定位,就是指为某个幼儿园品牌确定一个适当的市场位置,使幼儿园在家长的心中占领一个特殊的位置,让幼儿园的教育理念和教育服务在预期的顾客的心智中实现区隔。准确的品牌定位有利于抢占消费者的心智空间,从而最大化地实现品牌效应,提高办园效益,在日益激烈的幼儿园竞争中处于生存和发展的优势地位。

品牌定位需要考虑三个方面的因素:目标消费者、竞争对手、自身的优势。定位就是要找到这三者的最佳结合点,给消费者一个独特的购买理由,它决定了品牌竞争的终极点。幼儿园品牌定位要考虑以下三个方面。

(一)找准目标消费者

消费者选择业务最看重的因素如价格、服务、品牌、方便性、附加值等。幼儿园的消费者是幼儿和家长,幼儿园可以从地域(本地区所处的教育环境、与中心区域的距离)、人口结构(年龄、收入、文化、职业)、行为(生活方式、追求的教育价值、对幼儿园的看法)、心理(习惯型、理智型、冲动型、想象型、时尚型、节俭型)进行细分。由于消费者教育背景的差异导致他们对待教育的需求很可能是不一样的,通过对消费者的细分,才能找到幼儿园的目标消费者。

(二)分析竞争对手

准确了解幼儿园周边对手和他们目前的经营情况,是幼儿园准确定位的前提。从对手的优势和劣势、队伍素质结构(园长、保教人员等)、教育状况(主要特色课程、自主研发还是引进)、管理手段(制度建设、用人策略、绩效管理等)、生源分析(生源所在各区域比例、主要群体家庭经济状况、招生通道、方式)、最新动态举措、财务收支分析等方面进行详细分析,找出和竞争对手的区分之处,在此基础上建立起对消费者而言的价值。

（三）寻求定位的支点

在清晰分析目标消费者后，幼儿园就要理智地分析幼儿园自身的环境、师资、设施、信誉等状况，清楚认识幼儿园的优势和劣势、长处和短处，为品牌建设找到正确的方向。幼儿园管理者应该明确好的园风、教风、学风，这是品牌幼儿园的标志，保教质量是幼儿园品牌的核心，把幼儿培养成为身心健康、活泼开朗、乐于交往、好奇好学、勇于探究的好孩子，这是幼儿园打造品牌的根本宗旨。幼儿园可以根据自身的实际情况，瞄准某一特定的阶层，充分透彻地了解他们对教育的需求，进行有针对性的品牌设计和定位就会取得良好的效果。

三、幼儿园文化的构建

幼儿园文化是指一所幼儿园在长期教育实践活动中形成的，被全园教职工普遍认同并遵循的价值观念和行为方式的总和。它是全园教职工共同创造生成的、体现时代特征的价值观念、思维方式、行为规范及其活动结果。它反映了全园教职工的共同价值观系统，是幼儿园办学理念、办学目标及幼儿园传统、园风、园貌、教风、学风的综合体现，是凝聚和激励幼儿园全体教职工团结进取、推进幼儿园发展的重要精神力量，是幼儿园品牌建设的基础和保障。幼儿园文化涵盖幼儿园的各个层面，一般可分为物质文化、行为文化、制度文化和精神文化四个层面。

（一）幼儿园物质文化

幼儿园物质文化是以物质为载体反映文化内涵的总和。比如某种风格的建筑群、园服、文化装饰、雕塑、壁画、教学设施等。不同地域、不同民族、不同时期的幼儿园对物质材料的选择、组织、布局和调控总是带有一定的文化内涵，体现着一种精神价值，从而形成幼儿园各自独特的物质文化。

幼儿园物质环境和文化标识物是构成幼儿园物质文化的主要内容。因此，在幼儿园品牌建设的过程中应重视加强幼儿园物质环境和文化标识物的建设。

1. 幼儿园物质环境建设

幼儿园的物质环境既是幼儿园文化运作的结果，表达着幼儿园业已形成的价值观、审美情趣和道德风尚，同时，幼儿园的园容园貌又每时每刻都在影响着幼儿园的教职工和幼儿的活动。因此，幼儿园要以幼儿为教育对象，创设符合幼儿认知特点，且能引发幼儿主动认知的互动环境；以幼儿家长为服务对象，创设利于家园互动，不断提高家长育儿水平的指导环境；以教职工为塑造对象，创设支持和鼓励教职工专业发展的有利于打造优秀团队的良好环境。

2. 幼儿园文化标识物建设

幼儿园应有明确的文化标识物，以不同的形式向人们传递幼儿园的办园宗旨和价值追求。比如园名、园徽、园旗、园歌、园服等，这些标识物能使人们直接联想到幼儿园，也能使全园师生、员工通过拥有共同的名字、标志、服装而进一步形成共同的价值观和组织精神。

(二)幼儿园行为文化

幼儿园行为文化主要是幼儿园活动和幼儿园成员行为规范的体现。它是幼儿园园风、精神面貌、人际关系的动态反映。比如教职工是否有时间观念,是否能够建立和谐、融洽的同事关系,对待幼儿家长的态度是否热情周到,对待幼儿是否有耐心和爱心,部门之间是否团结协作等。

在幼儿园行为文化的构建过程中,管理者要注意将组织内部已经确立和形成的价值观有效地转换为组织的自觉行为。在由观念向行为转换的过程中,管理者要为教职工提供充分的行为实践机会,要让他们在行为实践的过程中取得实际的工作效果。

(三)幼儿园制度文化

幼儿园制度文化是指幼儿园各种条理化、文本化的规章制度、行为规范、纪律等,以及幼儿园那些无形的习惯、约定俗成的规范等。幼儿园制度文化往往体现和规范着幼儿园组织中比较稳定的互动模式和交往关系,反映了幼儿园组织中各种不同的社会地位和角色特征。幼儿园制度文化是精神文化的产物,一定要适应精神文化的要求,是精神文化的有效载体,对精神文化建设起到积极的促进作用。

幼儿园管理者在制度文化建设上应积极倡导以人为本、尊重人的权利、满足人的需要、促进人的发展的新理念。注重"以园为本",增强"园本意识",变外控式管理为自主式管理,坚持人本与科学融合,建立以科学管理手段为途径,以发展人的主体性、促进人的全面和谐发展,提升人的生命价值为根本目的的制度文化体系。

(四)幼儿园精神文化

幼儿园精神文化是指幼儿园的历史传统和被大多数人认同的文化观念、价值观念、生活信念等,它是一所幼儿园本质的、个性的、精神风貌的集中反映,是幼儿园发展的动力。幼儿园精神文化蕴涵着独特的凝聚力和感染力,是激励全体教职工不断努力的精神力量,是联系和协调幼儿园教职工的纽带,是幼儿园的灵魂。

在幼儿园精神文化的建设过程中,幼儿园管理者要为教职工创设积极的文化氛围,突出幼儿园的主流价值观,提升教职工的文化素养,提升幼儿园的发展品位。如上海某幼儿园"三实"文化的创建,即朴实:教育的本质就是朴实无华的、有一定规律的;真实:教育实践来自于生活,回归真实才是最有生命力的,孩子需要在真实的体验中学习、成长;扎实:教育工作所追求的应是扎扎实实的日积月累。这一精神文化建设,体现了他们的主流价值观,即以朴实、真实、扎实的教育和生活促进幼儿成长,成为全园教职工建立正确教育目标和规范自己行为的准则。

四、幼儿园品牌形象的设计

(一)幼儿园品牌形象的含义

幼儿园品牌形象是指社会公众对某个品牌幼儿园的形象特征所持的整体看法、最终印象和综合评价。

幼儿园的品牌形象是经过幼儿园努力所形成的，是按照一定的标准和要求呈现出来的，是幼儿园价值观的重要外化表现，其形象不仅来源于公众对幼儿园所表现出来的、看得见的、摸得着的外在事物的观察，而且源于公众对幼儿园内在精神的感知和体验。如幼儿园的建筑风格是形象具体的，而幼儿园的特色又是主观抽象的。良好的幼儿园品牌形象会令人时刻感受到幼儿园的吸引力、感染力、凝聚力和震撼力。良好的品牌形象是一笔无形的财富，它综合体现了幼儿园的声望和信誉，反映了整个社会对幼儿园的信任程度，是幼儿园生存与发展的基础。

（二）幼儿园品牌形象的功能

1. 品牌形象的激励功能

幼儿园品牌形象得到社会公众的评价和认可，代表着幼儿园建设与发展的荣誉，对全园教职工起到激励作用。幼儿园品牌形象的建构，能建立幼儿园内部教职工共同的思想、理念和价值观；通过塑造幼儿园精神，建立与之对应的行为和视觉传达，从而增强幼儿园管理中教职工的主体性，鼓励教职工的士气，使各部门人员协调团结，形成一种相互配合、相互促进的关系，产生凝聚力，形成教育合力。

2. 品牌形象的传播功能

幼儿园品牌形象的构建不仅仅是对幼儿园现有状况的包装，更是着眼于高品位的幼儿园文化的营造、高质量的幼儿园教育环境的建设。因此，通过幼儿园品牌形象建构可以为幼儿园“造型”，使教职工的思想、仪表、言行领同行业之先，树同行业之风范，以利于幼儿园办园理念、办园特色等在社会各领域的传播，扩大在社会公众中的影响力，从而更好地促进幼儿园与家庭、社会的良好沟通，获得社会各方面的广泛支持。

（三）幼儿园品牌形象设计的策略

1. 突出办园特色

办园特色是幼儿园特有的个性和优势所在，是在一定的教育思想指导下，教育方针与幼儿园实际相结合的产物，是以园长为核心的全体教职工集体智慧和共同实践成果的结晶。办园特色是幼儿园发展的生命力，是幼儿园品牌形象设计的前提和基础。幼儿园品牌形象不是标准化的、整齐划一的，而是具有独特个性、具有鲜明特色的，是不能复制的。每一所幼儿园都要善于把握教育大环境，对幼儿园的发展进行科学定位、确定切合实际的办园理念，结合本园的实际选择突破口，形成自己的办园特色。

2. 培育精神内涵

一所幼儿园要给社会公众留下深刻印象，不能只靠硬件设施等物质环境和条件，更要靠幼儿园的精神内涵，它是使幼儿园面貌一新、蓬勃发展的不竭动力。事实上，由于文化底蕴的不同，如果将在一所幼儿园行之有效的规章制度、组织机构和管理策略等，照搬到另一所幼儿园，很可能难以贯彻实施。因此，一个远见卓识的幼儿园园长，不能仅仅盯在幼儿园硬件设施的建设、方法的选择、规章的制定以及智能的运作上，还应该特别关注幼儿园文化的建设,创造一种推动幼儿园前进的组织精神,培育精神内涵,为幼儿园品牌形象的树立提供强有力的保障,使品牌形象永久不衰。

3. 创设视觉形象

幼儿园视觉形象是指幼儿园的外观形象,是幼儿园办园理念和行为的外在表现,它包括幼儿园的整体布局、建筑风格、绿地空间、景观标志、环境建设与卫生乃至员工、幼儿的穿着举止等可以用眼睛看到的东西,让外界及来客在视觉上对幼儿园产生良好的第一印象。

创设视觉形象是幼儿园品牌宣传的重要手段。通过对园徽、园旗、园训、园服、园所主色调、园所宣传品和标志性的文化设施建设的规范化、定向性设计,表达幼儿园的形象以及在各种场合出现时的标准化视觉传播形象。

(1) 园徽。园徽是代表园所的徽章,是园所的标志和象征,是幼儿园办园理念、办园特色、人文精神的集中体现,是园所文化建设的基础性载体,是幼儿园的象征性标识。园徽设计应通过一定的图案、色调、文字和式样体现幼儿园的办园方向、教育目标、理论精神和鲜明特色。

(2) 园旗。园旗也是园所的一种代表,它通过一定的式样、色彩和图案反映一所幼儿园的办园特色和历史文化传统。园旗可分为持旗、挂旗、桌旗和串旗。持旗和挂旗主要用于幼儿园重要室内外场所悬挂以及各部门(班级)在外出活动或对外活动中使用;桌旗主要用于幼儿园各部门在办公室摆放;串旗旗面一般可用不同的颜色,主要用于幼儿园各种重大活动时在园内悬挂。

(3) 园训。园训是一所幼儿园的灵魂,园训体现了一所幼儿园的办园传统,代表着园所文化和教育理念,是人文精神的凝聚,是幼儿园历史和文化的积淀。园训包含着丰富的文化信息,是一种面向社会的精神标志,为幼儿园起到一定的宣传作用。

(4) 园服。园服是园所规定的统一样式的员工服装和幼儿服装。园服应该体现出年龄、性别上的差异,各年龄段在款式结构上应有区别,体现出不同年龄段孩子的心理和生理特征。男式园服要阳刚帅气,女式园服要体现出幼儿园师生应有的活泼好动、生气勃勃的特点,并且要舒适、得体,保证质量,具有美感。

(5) 园所主色调。每所幼儿园都应有自己的主色调。由于色彩具有区别、象征、联想等心理效应,所以根据不同的地域、园舍条件、办园理念、个性、风俗特征,每所幼儿园就与一定的色彩联系到了一起。幼儿园的主色调一旦确定后,其园所的建筑、装饰乃至桌椅、床铺都应采用主色调或围绕主色调变化。除主色调外,还应规定与之相和谐的辅助色调及其组合,达到视觉的协调。

(6) 园所宣传品。园所宣传品也是幼儿园对外宣传的代表,幼儿园无论是组织大型活动还是小型活动,都要注意宣传品的制作,例如制作统一的宣传画册、小礼品、小手袋、纸杯等,园徽和园所主色调必须广泛运用在这些宣传品上,以便于传播。

(7) 标志性的文化设施建设。标志性的文化设施是幼儿园形象的最直接的表现,是幼儿园文化发展的物质基础,是幼儿园现代文明的象征。每所幼儿园都有自己的特色和个性,作为标志性的文化设施正是这种特色和个性的集中体现,它所折射出的幼儿园的历史文化、浓厚的时代特征,能够成为幼儿园的象征,在公众的心中扎下根。

4. 打造品牌团队

幼儿园教学园队是实现幼儿园教育目标的核心，是推动幼儿园发展的原动力。品牌幼儿园离不开一流的师资队伍，打造一支“个体素质较高，群体结构合理，富有创新精神”的师资团队，能够为创建品牌幼儿园提供智力支持。园长是幼儿园对外沟通的重要人物，其形象代表着幼儿园的形象，因此也可通过设计和树立品牌人物形象来影响员工，带领员工走入规范化、专业化形象建设中，以此为典范，不断塑造。

延伸阅读

幼儿园品牌的宣传与推广（以上海某小区幼儿园为例）

上海某小区幼儿园由于在此之前没有品牌运作，因此，如何让一个陌生品牌被社会接受，如何让一个新的社区了解幼儿园，让社区的百姓走进幼儿园，是摆在该幼儿园举办者面前的一个难题。该幼儿园通过以下举措让幼儿园品牌渐渐地得到了广大家长的认可。

1. 设立“社区联络官”，让品牌深入每一个社区细胞

该幼儿园非常重视社区的网络建设，在幼儿园成立伊始，就设立了“社区联络官”这个岗位，其职责就是负责与社区领导及居民联络和沟通，了解社区居民对优质民办教育的需求，收集社区对幼儿园的评价及建议，形成幼儿园、社区、家庭之间的一个桥梁。

社区联络官的设立是建立了统一的对外窗口，通过其定期拜访社区领导和居民，召开工作汇报会，邀请社区领导走进幼儿园，向社区领导汇报幼儿园的发展状况，听取社区领导对幼儿园工作的指导和建议，同时也转达幼儿园对社区百姓的感谢。

2. 利用互联网构建品牌宣传的重要阵地

幼儿园网站是幼儿园的“商标”，运用互联网建立自己幼儿园的网站是直接的宣传手段。该幼儿园在构建网站时主要从以下三个方面规划：其一，专人负责，专业规划，从社会、园所、家长的需求来设定网站功能；其二，常态管理，及时更新，不断丰富网站功能和信息量；其三，园长带头，身体力行，带领教师投身网站建设。

通过以上方式，最大限度地提升教师对网站建设的参与度，让互联网成为幼儿园品牌宣传的有力助推手。

3. 策划具有品牌特色和文化的活动，吸引社区百姓走入园所

在课程背景和文化的引领下，该幼儿园策划举办了三年一轮的文化节，即上海文化节、中国文化节、世界文化节。每年一届的文化节浓缩了幼儿园课程研究的精髓，旨在通过每年不同的主题和不同的形式让孩子和家长了解多元文化的魅力，从而更好地推广品牌。

除了文化节外，幼儿园还根据园本文化和师德建设要求举办相关的活动，如“我喜欢的好老师评选活动”。还有儿童的成果展示，如“幼儿园大班毕业典礼”活动，要求所有参加的家长着正装及晚礼服，以示对孩子的尊重与重视，让家长再一次感受到幼儿园对幼儿的爱。

4. 制定让客户和园所双赢的营销方案，让口碑推广成为营销的重要途径

该幼儿园在三年的发展过程中，不断地推出让家长真正感觉到实惠的营销方案。在刚办园时,该幼儿园降低入园收费门槛,让有入学需求的幼儿能够如愿以偿地进入幼儿园。在三年中幼儿园逐步提高学费,让幼儿园的收费与幼儿园的办园成绩成正比例增长。

该幼儿园获得上海市一级幼儿园称号后,推出了《好友计划》来感恩家长三年对幼儿园工作的支持。这个活动通过适当降低学费,让所有的家长无形中成为幼儿园的免费招生员,让园内的家长推荐他周围的小朋友来报名,双方都能享受到一定程度的优惠。

5. 重视与各种媒介的合作,扩大品牌的影响力

该幼儿园选择以下媒介为幼儿园品牌做品牌宣传:育儿网站、搜索网站、房产论坛、教师博客、专业杂志、DM派放、平面广告等。

在选择前,园长考察这些媒介的宣传风格和特定的客户群体是否与幼儿园的理念相吻合,避免盲目行动,收效甚微。另外,通过媒介宣传后,还考虑对宣传效果的关注,一般不同时在两种以上的媒体宣传,以免无法观察成效。

(资料来源:作者调研)

第三节 幼儿园特色的创建

随着幼儿园数量的增加和办园质量的提升,幼儿园之间的竞争也日趋剧烈,幼儿园能否办出自己的特色已成为幼儿园树立自己的品牌、赢得社会认同,增加行业影响力,促进幼儿园发展的一个十分关键的问题。

一、幼儿园特色的含义

(一)特色

所谓特色,是指一个事物或者一种事物显著区别于其他事物的风格、形式,是由事物赖以产生和发展的特定的具体环境因素所决定的,是其所属事物独有的。简言之,何谓特色,与众不同又特别优异之处即特色。事物的特色既可表现为人无我有、人有我优、人优我精,也可以表现为人多我少,人有我无。

(二)幼儿园特色

关于幼儿园特色的表述不一,但它们都反映出是优质性和独特性的统一。

幼儿园特色是指在优质完成幼儿教育全面发展目标的前提下,在整体上具有自己独特、稳定、优质的个性风貌。

幼儿园特色从特色建设的角度还可以理解为从幼儿园的工作优势出发,在办学过程中找出自己的特殊优势,并使这些优势能够科学发挥、合理利用、长久不衰,那么这些优势就是特色。

幼儿园特色就是在办园方面,有自己的思想,有自己的理念,有独特的举措,并形成传统。

幼儿园特色是在先进的教育思想指导下,从本园的实际情况出发,经过长期的办学实践，形成的独特、稳定的办学风格和优质教育。

幼儿园特色不只是某一个方面与众不同，不是单指特色班、兴趣班、特长班，也不能独立地称为美术教育、音乐教育、体育教育。真正的特色一定在整体上是优秀的，特色应该是一所幼儿园整体办学水平的重要标志。特色不是目的，不是标签，不是时髦，不能“为特色而特色”；特色不是追求来的，而是逐渐形成的，是一种精神，一种育人文化，一种长期形成的传统。

（三）幼儿园特色是独特性与优质性的统一

幼儿园特色的独特性与优质性的关系主要表现在两个方面：一是幼儿园特色本身的先进性、科学性；二是办学育人整体水平有一定的质量，够上一定的标准。衡量一所幼儿园是否办有特色，不仅要看它特色项目的成绩，而且要看它的整体办学水平。许多有特色的幼儿园，其教育质量的总体水平都相当高。如果一所幼儿园仅仅在特色项目上成绩优异，有几个尖子幼儿，而总体办学水平低，教育质量差，甚至不如普通幼儿园，那就是以牺牲幼儿的全面发展为代价换来发展“特色”，这种仅仅停留在特色项目上或用“特色”代替整体办学水平的做法，就不能称为办学有特色。

二、幼儿园特色的结构要素

（一）主题思想

幼儿园特色的主题思想也可简称为主题，它是以园长为代表的幼儿园教育思想在办园过程中的集中体现。一般来说，幼儿园特色的主题是园长在某种教育思想的支配下，对幼儿园现实教育资源配置状况和幼儿园教育发展水平进行调查、分析、研究，以及对幼儿园教育发展前景规划而得出的思想结晶。所以，它是园长对幼儿园教育现实的认识、评价和办园理想的综合体现。幼儿园特色的主题决定着对幼儿园教育形式和结构的选择，它体现和决定着幼儿园教育活动的主旋律。幼儿园特色主题表达的清晰程度，反映了一所幼儿园特色建设发展的水平和水准层次，它决定着幼儿园发展的方向。

确定幼儿园特色的主题是受多方面因素影响的，其中起着主导作用的是教育思想和教育观念。因为教育思想和教育观念制约着教育者对教育现象的认识，影响着教育者的教育行为和教育活动的方式。

（二）教育行为方式

教育行为方式在幼儿园教育实践活动中占主导地位。它是幼儿园教育思想或主题的外显形式。它包括选择教育目标的方式，调整教育内容的方式，确定教育途径的方式，筛选教育手段与方法的方式，幼儿园人际关系（首先是师幼关系）沟通的方式，运用奖惩的方式，处理信息的方式以及整合优化各教育要素关系的方式等。如果说主题思想是幼儿园特色的灵魂，那么，教育行为方式就是幼儿园特色的躯干。

这里讲的教育行为方式不是指具体的微观的教育行为方式，它是指幼儿园教育思想与教育实践相结合的教育程序与程式。没有教育程序与程式，教育思想就会成为无处附体而飘荡的幽灵；没有明确教育思想的教育行为方式就会成为盲目的行为。无论是从理论论证，还是从教育实践考察的角度看，就是在同一主题思想指导下，由于各幼儿园办学主客观条件的差异，特别是园长个人的学识、修养、能力、阅历等方面的差异，决定了幼儿园教育行为方式的多样化，幼儿园教育创优途径的多样化，以及创优过程的多样化，这些多样化方面的多样组合，就使幼儿园特色及其发展呈现出五彩缤纷，争奇斗艳的形式。

（三）环境氛围

幼儿园环境氛围主要是指幼儿园的自然环境和社会人文环境，幼儿园教育舆论的主要倾向，幼儿园人际交流的心理氛围等，这是构成幼儿园特色的重要因素。

幼儿园所处的自然环境和社会人文环境是幼儿园教育赖以生存与发展的土壤。它们既给幼儿园教育提供了不同的发展条件，又对幼儿园教育发展提出了不同的要求和标准。幼儿园教育在适应这种特定的环境要求的同时，能够而且必须通过自觉的选择和自主的创造，能动地改造环境，能动地适应社会发展需要的办学形式。正是人们这种自觉的选择和自主的创造，能动地适应了社会发展与人的发展的需要，才会创造出幼儿园特色。

在幼儿园特色的建设中，各种规章制度规范着人们的言行，使人们朝着共同的目标前进。在这个过程中，作为教育工作者的个体，在对自己的教育活动行为方式进行调节时，不单纯是靠行政的干预，主要是靠幼儿园教育的主导舆论进行自我调节，自我修正教育行为及其方式。建立幼儿园特色不是园长一两个人或幼儿园少数人的事，它是涉及幼儿园全体人员的大事，包括幼儿在内，它是靠幼儿园各个方面人员同心协力，共同合作去创造。形成这种局面的重要前提是幼儿园要有良好的、真挚的人际关系与和谐、融洽的交往心理氛围。

良好的人际关系结构与和谐的交往心理氛围，必然有利于充分发挥教育者与受教育者两个方面的主观能动性，有利于幼儿的全面发展，有利于幼儿园整体办学效益的提高，有利于幼儿园特色不断地向更高水平与更高层次发展。

三、幼儿园特色的创建策略

（一）确定创建特色主题

在确定幼儿园形成什么特色，如何实施时，我们应该首先考虑以下几方面问题：幼儿园的各项基础工作是否已经做扎实？所定位的特色在幼儿成长过程中到底有多大价值？所追求的特色最终是为了孩子的发展还是为了幼儿园的“名气”？在突出特色的同时，应如何关注幼儿的全面发展？

现实的经验证明，只有着眼于孩子终身发展的特色才有生命力，只有关注到孩子全面发展的特色才会有价值。幼儿园的特色创建在此基础上才能被社会公众认可，才能保持其生命力，才能为幼儿园的发展注入动力。

（二）培育有个性的园长

培育有个性的园长是幼儿园特色创建的关键，直接关系到幼儿园特色主题思想的确立。陶行知先生曾说过：“校长是一个学校的灵魂，要想评论一个学校先要评论它的校长。”正如人们常说的那样：有什么样的园长，就有什么样的幼儿园。因此，园长是创建幼儿园特色的领导者和参与者，幼儿园能否有个性，首先取决于园长是否有个性，园长在教育思想、管理风格、人格魅力方面的独特性是创建幼儿园特色的关键。

（三）培育有特长的教师

培育有特长的教师是幼儿园特色创建的前提。蔡元培先生曾说过："有特色的教师是学校的宝贵财富，学校的特色，学校在社会上的影响往往是靠特色教师的努力而形成的。"可以说，没有特长的教师，就没有幼儿园的特色，也就难以形成特色的幼儿园，拥有有特长的教师是创建幼儿园特色的前提。为了培育拥有特长的教师，幼儿园管理者要积极提供机会引发教师的特长，用其所长，发挥特长，更要努力创造条件培养教师的特长。

（四）完善基础和保障

和谐的、内涵丰富的幼儿园文化环境、场地设施、教学设备设施、各种设施布局等，是幼儿园特色创建的基础。幼儿园的动力机制、运行机制、保障机制是幼儿园特色创建的必要保证（详细见本章第三节二、幼儿园特色的结构要素）。

总之，在幼儿园特色的创建过程中，首先要根据本园的实际情况，认真分析自己的优势所在，科学确定特色主题，发挥园长的引领作用，发挥教师的特长，齐心协力，坚持不懈地努力。决不能为了突出特色而去赶时髦、摆花架子，更不能以牺牲幼儿的全面发展为代价去追求所谓的特色，否则我们的教育就会本末倒置，孩子也将为此付出成长的代价。

9.1 特色幼儿园的建设

案例分析

某幼儿园的木偶教育是享誉全国的办园特色。该园将构建班级木偶教育特色作为发展木偶教育园本课程的主脉，开展了"构建木偶教育班级特色"的交流活动。例如，小三班的活动《玩木偶真开心》，凸显了木偶在促进幼儿身心健康方面的教育功能；中一班邀请了本市木偶剧团的两名演员来园指导幼儿泥塑木偶头，学习提线木偶的表演技巧，突出借助社区资源开展木偶教育的特点；大三班的幼儿合作表演《树木本领大》《绿色旅游》等幼儿木偶剧，彰显了以木偶为媒实施环保教育的价值……

分析：该幼儿园的木偶教育传承了本地的传统文化，在全园的各班开展，班班各具特色。各班级根据班级幼儿的年龄特点、身心发展的特点，选择了适合幼儿认知水平、动作发展的木偶教学活动。各年龄班通过开设不同类型的班级特色木偶教育活动现场，呈现出木偶教育个性化的特征。促使全园的木偶教育呈现出百花齐放、精彩纷呈的成效，也促进该园木偶教育的办园特色持续、科学地发展。

案例讨论

山东省淄博市某幼儿园园长在谈到幼儿园特色时说："大家都知道快乐体育是我们的特色，但在我园的日常工作中，这项活动是在常态下进行的。我们没有把它们孤立起来去做,更没有因此侵占其他教育活动的时间来开展。它们都是我们正常教育教学工作中的一部分,我们只不过是坚持做的时间比大家长了一些,研究的比大家多了一点而已。"

"我园2000年就开始了对快乐体育的探索与研究,把体育活动作为载体,将提高身体素质、发展基本动作、培养创造性、发展社会性以及养成良好性格等方面都融入其中。也正因为我们没有片面地去强调'特色'而忽视孩子的全面发展,而是始终坚持'关注孩子成长质量、关注孩子终身发展'的教育理念,我们的'特色'才会有如此强的生命力,才会取得今天的成绩。"

"历经多年的管理工作,我们对于'特色'逐渐有了一个清晰的认识:当幼儿园整体发展处在较低水平时,我们不应盲目追求'特色',而应关注幼儿园各项工作的全面提升,把基础工作扎扎实实地做好;当幼儿园的各项工作都做得基本扎实了,当发展遇到瓶颈时,我们应该寻找突破点,也就是说确立某一个点去做重点研究,逐渐形成特色;一个方向明确、定位准确、理念正确的'特色',一定会以点代面,带动幼儿园各项工作的提升。"

问题:

1. 分析该幼儿园的特色创建过程的特点是什么?
2. 我们从中能够得到怎样的启示?

思考与练习

1. 幼儿园品牌的概念和基本要素。
2. 幼儿园品牌的价值和功能。
3. 幼儿园品牌创建、幼儿园特色创建的策略。
4. 幼儿园品牌形象设计的策略。
5. 如何创建幼儿园特色?

实践与训练

项目:幼儿园品牌的宣传与推广。

内容:考查一所在本地有影响力的品牌幼儿园,了解其品牌的宣传和推广情况。

要求:

(1) 以小组为单位,深入到所熟悉的幼儿园,了解幼儿园品牌建设的过程,对品牌宣传与推广情况进行深入的调查分析。

(2) 写出小组调查分析报告,提出优势和不足,拟定一个完善宣传推广方案。

第十单元
幼儿园工作评价

学习目标

1. 了解幼儿园工作评价的含义、作用和原则。

2. 了解幼儿园评价工作中存在的主要问题及相应的解决办法。

3. 初步掌握幼儿园评价工作的组织与实施的相关知识。

4. 能够运用所学知识分析和解决幼儿园工作中的问题。

课程导入

近年来，国家对学前教育高度重视，各省也通过“学前教育三年行动计划”投入了大量的资金用于幼儿园的新建、改建和扩建，并加大了对幼儿园教师的培训力度。我们在进行“国培计划”某省幼儿园园长培训项目时，就幼儿园工作评价的意义与作用对园长们(85 人)进行了问卷调查和个别访谈(15 人)，结果表明，有百分之七十多的园长对幼儿园工作评价不够重视，对幼儿园工作评价的意义与作用认识不清，对如何进行评价心里不够明确。

教育评价是幼儿园教育改革和发展中的一个热门话题，对教育活动有诊断、反馈、定向等功能，是幼儿园管理者了解幼儿园教育的适宜性、有效性，调整和改进工作，促进幼儿全面发展、促进教师专业成长，提高办园质量的必要手段。

第一节 幼儿园工作评价概述

幼儿园工作评价是幼儿园管理的一个必不可少的内容和环节,是幼儿园提高教育质量的重要管理手段。它涉及幼儿园工作的各个方面,客观有效的评价对于推动幼儿园各方面的管理工作,提高保教质量都十分重要。

一、幼儿园工作评价的含义

评价是从特定的目的出发,根据一定的标准,通过特定的程序对已经完成或正在从事的工作进行检测,找出反映工作进程质量或成果水平的资料或数据,从而对工作的质量或成果的水平做出合理判断的过程。

幼儿园工作评价是根据一定的标准与程序,有目的、有计划、有组织地对幼儿园的各个方面的工作进行科学调查,搜集、整理、处理相关信息,并做出价值判断的过程。

延伸阅读

《幼儿园教育指导纲要(试行)》中的教育评价要求

一、教育评价是幼儿园教育工作的重要组成部分,是了解教育的适宜性、有效性,调整和改进工作,促进每一个幼儿发展,提高教育质量的必要手段。

二、管理人员、教师、幼儿及其家长均是幼儿园教育评价工作的参与者。评价过程是各方共同参与、相互支持与合作的过程。

三、评价的过程,是教师运用专业知识审视教育实践,发现、分析、研究、解决问题的过程,也是其自我成长的重要途径。

四、幼儿园教育工作评价实行以教师自评为主,园长以及有关管理人员、其他教师和家长等参与评价的制度。

五、评价应自然地伴随着整个教育过程进行。综合采用观察、谈话、作品分析等多种方法。

六、幼儿的行为表现和发展变化具有重要的评价意义,教师应视之为重要的评价信息和改进工作的依据。

七、教育工作评价宜重点考察以下几方面。

(1) 教育计划和教育活动的目标是否建立在了解本班幼儿现状的基础上。

(2) 教育的内容、方式、策略、环境条件是否能调动幼儿学习的积极性。

(3) 教育过程是否能为幼儿提供有益的学习经验,并符合其发展需要。

(4) 教育内容、要求能否兼顾群体需要和个体差异,使每个幼儿都能得到发展,都有成功感。

(5) 教师的指导是否有利于幼儿主动、有效地学习。

八、对幼儿发展状况的评估要注意以下几点。

(1) 明确评价的目的是了解幼儿的发展需要,以便提供更加适宜的帮助和指导。

(2) 全面了解幼儿的发展状况,防止片面性,尤其要避免只重知识和技能,忽略情感、社会性和实际能力的倾向。

(3) 在日常活动与教育教学过程中采用自然的方法进行。平时观察所获的具有典型意义的幼儿行为表现和所积累的各种作品等,是评价的重要依据。

(4) 承认和关注幼儿的个体差异,避免用统一的标准评价不同的幼儿,在幼儿面前慎用横向比较。

(5) 以发展的眼光看待幼儿,既要了解现有水平,更要关注其发展的速度、特点和倾向等。

二、幼儿园工作评价的作用

幼儿园工作评价作为幼儿园管理工作的重要组成部分,对提升幼儿园教育质量,促进幼儿园科学发展,起着不可替代的作用。

(一) 幼儿园工作评价的导向作用

幼儿园是对学龄前儿童实施保育和教育的机构,通过保教结合对幼儿进行体、智、德、美全面发展的教育,促进其身心的健康和谐发展。幼儿园全部工作都是为了实现教育目标,提高办园质量。但是,在目前的幼儿园工作中仍然比较普遍地存在着重教轻保、重智轻德、轻体,重教学轻游戏等片面倾向,部分幼儿园甚至还存在着只为少数幼儿及其家庭服务的现象。产生这些偏颇的重要原因之一就是对教育质量和办园质量没有客观正确的评价标准。因此,做好幼儿园评价工作,确立正确的幼儿园评价标准,就能够将教育目标转化为幼儿园保教活动质量标准和各项工作的评价标准,再通过评价标准的引导,端正幼儿园领导和教职工的办园思想和方向,树立正确的儿童观、教育价值观和质量观,以保证教育目标的最终实现。

(二) 幼儿园工作评价的诊断作用

依据一定标准对幼儿园的各项工作进行全面评价,能够掌握幼儿园管理工作的全面情况,及时发现不足、总结经验。通过评价,有利于了解幼儿园各种资源的使用和各项工作运转过程中的一些不合理因素,发现幼儿园管理工作中的问题和漏洞,及时做出调整和改进,使管理更加符合实际,有针对性地解决幼儿园工作中存在的各种问题,推动幼儿园各项工作迈上一个新的台阶,提高幼儿园的管理水平和保教活动的质量,促进幼儿园管理水平的提高。

(三) 幼儿园工作评价的激励作用

幼儿园工作评价涉及幼儿园工作的方方面面,评价既是对各方面工作的客观分析、判断,又是对全园教职工工作业绩优良、业务水平高低、能力素质强弱等的考核评定。通过评价,教职工可以看到自己工作中的成绩与进步,找出差距与不足,在评价中得出经验和教训,通过相互间的交流和学习,进一步明确努力的方向,激起奋发向上、创新进取的精神,不断提高保教质量。

(四)幼儿园工作评价的借鉴作用

对幼儿园工作人员的评价结果是幼儿园年终奖惩、分配、岗位培训以及人事决策的主要依据,也为选拔管理者、教学骨干、教学能手等提供客观、真实、科学的依据。通过对幼儿园工作的全面评价,可以全面、系统收集幼儿园各项工作的信息资料,形成评价结果,进而推广成功的经验,总结失败的教训,为幼儿园下一步决策提供丰富的信息,以使幼儿园领导科学决策,不断提高办园质量。

(五)幼儿园工作评价的改进作用

为了更好地发挥教育评价的改进作用,2022 年教育部出台了《幼儿园保育教育质量评估指南》,针对幼儿园被动参与评估、难以发挥评估激励作用等问题,提出将自评作为提升教师专业能力的常态化手段,通过教职工深度参与,实现幼儿园自我诊断、反思和改进。因此,幼儿园教职工要充分认识自我评估的意义与价值,积极参与,把自评作为促进评价改革的突破口、改进保教质量的着力点、提升教师专业能力的动力源。

10.1 保教质量自我评估的意义与价值

三、幼儿园工作评价的内容与原则

(一)幼儿园工作评价的内容

幼儿园工作评价是以幼儿园内部各方面工作为对象的教育评价,它涉及的范围很广,包括幼儿园工作的各个方面。幼儿园工作评价就是要对幼儿园的行政管理工作、保教工作、总务后勤工作的质量与状态效果做出检验评价,进而加以调整和改进,使幼儿园能更好地完成所担负的教育幼儿、服务家长的任务,更好地实现幼儿园的教育目标,促进幼儿园的科学发展。归纳起来,幼儿园工作评价包括以下几个方面。

1. 幼儿园管理状态的评价

幼儿园管理状态的评价包括对幼儿园工作目标的评价、组织机构的设置及其规章制度的评价、管理过程的运行状态及管理质量的评价等。通过评价了解和掌握幼儿园组织职能的发挥情况,如管理渠道是否畅通,组织人员分布是否合理,管理运作机制是否适当等,以确定幼儿园整体管理水平的高低,为提高整体管理水平提供科学依据。

2. 对幼儿园工作人员的评价

管理的各个要素中最重要的是人,人是管理的核心,要全面了解评价幼儿园工作质量,就必须注重考查幼儿园全体教职工的素质及其工作状况。对幼儿园工作人员评价是对幼儿园所有岗位人员进行的评价,包括作为管理者的园长的素质及其领导工作评价,教职工的任用、培训、个人素质和工作效果评价，以确定教职工队伍的整体素质。

3. 幼儿园工作的评价

幼儿园工作评价分为保教工作和总务后勤工作两部分内容。

对幼儿园保教工作的评价主要包括对教养活动开展情况的评价和对保教工作管理水平绩效的评价。如通过对幼儿园一日常规活动的组织、游戏活动的开展情况、教学工作的组织安排等的了解和分析，对幼儿园保教工作开展情况和质量进行全面的检查。

幼儿园总务后勤工作主要涉及对办园条件的改善、设备的维修保养、卫生保健、膳食营养、财产财物管理、档案资料管理、教职工的福利待遇等工作的评价。

4. 幼儿园公共关系的评价

幼儿园公共关系评价包括幼儿园外部公共关系活动开展情况和幼儿园内部公共关系活动开展情况两个方面。

幼儿园外部公共关系主要包括对幼儿家长工作开展情况的评价，幼儿园与社区协调开展双向服务工作情况的评价，幼儿园与上级行政领导部门协调关系的评价等。

幼儿园内部公共关系主要包括全体教职工公关意识的培养工作评价，领导与内部教职工的关系协调情况的评价，营造良好的组织氛围和创建优秀组织文化工作的评价。

（二）幼儿园工作评价的原则

1. 科学性原则

幼儿园工作评价的科学性是指评价过程的各个环节都具有科学性，以保证评价结果的客观可信。首先，评价的指标体系和标准要科学，要体现正确的办园思想，并根据教育科学、管理科学评价的有关理论进行设计。其次，在具体评价过程中，材料搜集要全面、客观、实事求是。要尽可能通过园领导、教职工、幼儿、幼儿家长等多渠道搜集信息，经过多方印证，以保证所获得的资料准确可靠。最后，评价方法要科学，要使定性评价与定量评价相结合、形成性评价和总结性评价相结合。

2. 民主性原则

民主性原则是指在评价过程中要充分发扬民主，以自评为主，并增加评价工作的透明度。首先，在制定评价方案时要广泛征求意见，既要征求专家的意见，保证方案的科学性，也要尊重广大教职工的意见，使评价方案更符合客观事实，更具有可行性，达到让教职工了解方案、以积极的态度接受和参与评价。其次，评价时要采取自我评价与他人评价相结合，发挥教职工的主体性、积极性。他人评价则要尽可能让多人参加，代表各方面的意见。在做出评价结论之前，应该让教职工知道结果，并听取他们的意见，对失实之处要及时更正。

3. 客观公正性原则

要想让评价结果令人信服，就必须保证评价的客观公正性。首先，评价指标和评价标准要遵循科学的标准设计，不能掺杂人为因素，因人设定项目与指标。其次，评价人员的选择要照顾到各个相关组织层面，结构合理，又要考虑评价对象对他们的信赖度，不能由领导者一人确定。最后，评价人员的工作态度要客观公正，对所有对象的评价要严格按统一的标准进行，一视同仁，不带个人感情色彩。

4. 评价与指导相结合的原则

评价不仅是为了诊断，更重要的是指导，要把评价与指导结合起来，这样才能发挥评价的作用。评价是为了发现幼儿园工作中出现的失误和漏洞，以便发现问题，及时调整和纠正，而不是为了定出优劣高低。所以，评价并不是管理工作的结束，评价必须与指导相结合，要对评价结果做出分析，找出问题及其产生的原因，提出改进的意见和建议，不断提高工作水平，这样的评价才是有价值的。

四、幼儿园工作评价的类型

幼儿园工作评价可从不同的角度划分为不同类型，各种评价的侧重点也有所不同。

（一）诊断性评价和甄别性评价

根据评价的作用和功能，可以将幼儿园工作评价分为诊断性评价和甄别性评价。

1. 诊断性评价

诊断性评价又称为发展性评价，侧重于发现幼儿园工作中的不足或问题，找出问题产生的原因和影响因素，以此作为改进和调整工作的依据。这种评价的观点使评价具有"研究"的特点，被广泛使用。诊断性评价不仅能帮助教师和管理者了解教育的适宜性和有效性，诊断和发现工作中的问题和症结，不断提高教育质量，还可以提高教师的专业发展水平，促进教师的专业成长。

2. 甄别性评价

甄别性评价又称为效果评价，侧重于对工作的结果给出好与坏的评价，然后按成绩把被评价者分出等次。甄别性评价不关心工作到底出了什么问题，产生的原因是什么以及如何调整，因此对改进工作意义不大，只起到了标签任用。

（二）自我评价和他人评价

根据评价主体，可以将幼儿园工作评价分为自我评价和他人评价。

1. 自我评价

自我评价即评价的客体同时也是评价的主体，强调被评价者反思自己的工作情况，找出工作中出现的问题和差距，分析原因，以便日后改进工作。如幼儿园里教师对自己保教工作情况的自我反思与评价。自我评价是评价对象本身自我认识、自我分析、自我提高的过程，同时也体现了领导对教师的尊重与信任，充分发挥教师的主体性。但这种评价往往缺乏客观性，尤其对自己存在的问题难以看清，因此要与他人评价相结合。

2. 他人评价

他人评价是由被评价对象之外的其他人对其工作进行的评价，如幼儿园领导、幼儿及其家长对本班教师保教工作的评价。这种评价的优点是评价者从不同的角度对被评价对象的工作进行评价，获得的信息更加全面、客观、真实，更容易看到成绩与问题的所在，更有益于被评对象总结经验及同行间相互学习，共同提升。但是，在他人评价时，评价者要注意不以居高临下的态度进行评价，评价推论要以事实为依据，避免受以往评价结果和个人成见的影响。

（三）相对评价、绝对评价和个体差异评价

根据评价参照的标准，可以将幼儿园工作的评价分为相对评价、绝对评价和个体差异评价。

1. 相对评价

相对评价也称为常模参照评价，指在被评价对象的集合体内，选定某一个或几个对象作为基准，然后将各个评价对象与基准进行比较的评价。相对评价的标准随被评价对象的整体状况而异，这种评价能科学地判断出被评对象在整体中的地位以及他与个体之间的差距。如在教育活动中，以评价对象多数人能达到的水平为基本标准，将评价对象跟实际达到的程度进行排序，超过基本标准为优，低于基本标准为差。在选拔人才或评选先进集体和先进个人时，一般都进行相对评价。

2. 绝对评价

绝对评价也称目标参照评价，指在被评价对象的集合体之外确定一个客观的标准，然后将各评价对象与所确定的这一客观标准进行比较的评价。在评价时，通过将评价对象的实际达成结果与既定目标进行比较，可以确定评价对象达到目标的程度，从而做出价值判断。这种评价主要用于合格性和达标性活动，如各省市对幼儿园进行的实验园、示范园、一类园、二类园达标的评价。由于绝对性评价可以检查目标的达成度，而且有一个固定、明确的评价标准，操作性强，容易被大多数人理解、接受和掌握，所以在评价工作中被广泛地运用。

3. 个体差异评价

个体差异评价是把被评价集合对象中各个对象的过去和现在相比，或把一个对象的各个侧面进行比较而进行的评价。这种评价不涉及不同个体之间的比较，可以充分地照顾个体间的差异，减少评价给被评价者带来的压力，可以让被评价者看到自己的进步，提高自信心。例如，幼儿“档案袋”评价就是典型的个体内差异评价的方法，它将幼儿在较长时间内在一个或多个领域中所做出的努力、进步和所取得的成就等汇集起来，全面、真实、动态地评价幼儿，反映个性。这种用自己的现在与自己的过去进行纵向比较的方法，以及对自己的不同侧面进行比较的方法，可以让幼儿看到自己的成长与进步，增强自信心，更有利于促进幼儿个性的发展。

第二节　幼儿园工作评价的组织与实施

一、建立评价组织

评价组织是幼儿园进行评价工作的前提，幼儿园根据评价的目标、不同的评价对象、评价内容和评价要求，选择合适的人员参加，建立临时评价工作领导小组，负责评价组织工作。

幼儿园评价工作领导小组由园长、部门主管领导、骨干教师和部分幼儿家长代表组成。园长任组长,负责全面领导实施自我评价和预评工作,同时分设专人具体负责制订计划、组织实施、统计数据、汇总资料、整理档案等日常工作。

另外,对幼儿园工作评价的复评工作通常是由幼儿园的相关管理部门、社会民间组织或同行构成的专家组进行的评价,专家组的成员大都是严格挑选的、有学前教育专业知识和管理经验的人士,所以评价得出的结论自然也为大家所信服。

二、确定评价标准

幼儿园工作的评价目标是将教育目标与幼儿园工作目标转化为教育质量的标准和工作的要求,是对幼儿园一切工作质量和数量的要求和规定。一般包括评价的指标体系和评定标准。

评价的指标体系是对评价内容的规定,即它针对具体被评定对象规定从哪些方面去评价,是对目标的分解和具体化。

评价标准是指评价对象达到什么程度才能获得相应的分数、等级或评语。幼儿园工作的评价标准是运用教育基本理论和教育评价的理论方法,依据教育目标和工作目标的要求加以确定的,是对目标质量要求的具体化。评价的实质在于价值判断,即管理活动的主体依据一定的价值观确立管理活动和幼儿园各项工作的目标和质量标准,通过管理使教育活动更有效地发挥更大的教育功能,进而实现幼儿园管理的价值和目标。因此,在确立评价标准时就必须使评价标准与幼儿园的总目标相一致,为了使评价标准的制定科学合理,避免主观性、随意性,评价标准制定应遵循以下基本原则。

其一,方向性原则。教育是有价值的,管理也是有价值的,这是幼儿园各项工作和管理活动的目标和质量标准,目标是否正确是以其所体现的方向正确与否作为衡量标准的。幼儿园评价工作必须坚持正确的方向,遵循国家教育法规、教育方针、政策的要求,以正确的教育观、教育价值观和质量观为指导,以教育目标为依据确立评价目标和标准。

其二,科学性原则。评价标准要符合教育教学的规律和理论、符合管理工作规律,依据评价的具体目的、内容或对象来确立。要以相关的科学研究成果为基础,使评价标准符合对象的总体状况,对评价对象给予准确的表示和说明。只有如此,才能保证收集到能够反映出评价对象实际情况的真实、客观资料,进而做出正确的分析和判断。

其三,可行性原则。评价标准的制定还要考虑评价对象的现状,因园、因地、因人、因事制宜,选择恰当的评价标准和模式实施评价活动,使评价标准具有可行性和现实意义。

在评价标准制定之后,也要经过学前教育专业权威人士和考评小组的反复论证,并广泛征求全体教职工特别是被评价者的意见和建议。影响重大的考评还必须进行试评,以便发现问题,进行修改,保证评价标准的科学性和合理性。

三、设计评价方案

评价方案的设计是评价准备阶段的核心工作,评价方案的科学性、合理性直接影响着评价工作的成败。进行幼儿园工作评价方案的设计要解决四个问题:明确评价目的与指导思想、选择评价内容与对象、建立评价的指标体系并选择适宜的评价方法、确定评价主体及主客体相互关系。

(一)明确评价目的与指导思想

对幼儿园工作进行评价,首先要解决"为什么要评价"的问题,这是确定评价标准的依据。《幼儿园工作规程》中明确规定了幼儿园的主要任务是"按照保育与教育相结合的原则,遵循幼儿身心发展特点和规律,实施德、智、体、美等方面全面发展的教育,促进幼儿身心和谐发展"。这是幼儿园保教工作总的方向和目标。评价目的与指导思想不能偏离幼儿园办园方向和国家教育方针的要求,不能脱离幼儿教育的规律和幼儿园实际,坚持方向性、科学性和可行性的原则。

(二)选择评价内容与对象

这一环节解决的是"评价什么"的问题,应与"为什么评价"同时进行。幼儿园工作评价的内容、范围很广,凡保教工作涉及的各方面内容都可以作为评价对象,管理者可以根据本园实际需要和各阶段性工作重点,选择确定所要评价的内容,然后根据评价内容的特点,有针对性地制订科学、合理的评价方案。

(三)建立评价的指标体系

1. 建立评价指标体系要点

评价的指标体系是对评价内容的规定,即针对具体被评定对象规定从哪些方面去评价。评价目标与标准必须和园所的总目标一致,将教育目标与园所工作目标转化为教育质量的标准和幼儿园各方面工作的具体要求,将其具体化、操作化,用于衡量工作状况及其效果,是否达到和实现教育目标的程序。

由于幼儿园工作评价内容的多样化,评价目标通常比较抽象、笼统和概括,难以具体操作。所以,必须在理论分析的基础上对评价目标进行层层分解,直到分解成可测量的具体指标,形成指标体系。以幼儿园园长管理水平考核评价为例,如表 10-1 所示,其管理水平可以从管理职能的角度分解为规划水平、组织水平、指挥水平、控制水平四个方面,这是一级指标。但这四个指标过于概括,不易具体操作和考核。于是一级指标又被分别分解为几个二级指标,如幼儿园园长的规划水平,又分为确定目标,方向明确;制订计划能结合实际,细致周到,有新意;安排好,做到定人、定质、定时。从以上三个方面具体评价园长的规划水平就具有一定的可操作性。

在建立评价的指标体系时要注意以下几点。

(1)使指标体系中的各项评价指标与评价目的的方向相一致,应全面、完整地反映所评内容或对象的实质,不能有所遗漏,以保证必要的内容效度。

(2)各项评价指标要相对独立,避免指标内涵的相互交叉、包含。

(3)逐级分解指标尽可能具体化、以便观测和操作。一般将分解层次控制在三层,以免评价工作过于烦琐复杂,更加难于操作。

(4) 各项评价指标要表述清楚、含义明确,不能让评价人员在理解上产生歧义。

表 10-1 幼儿园园长管理水平考核表

一级指标	二级指标	评价等级				评价主体			得分
		好	一般	不够	无	自评	众评	园评	
规划(25 分)	1. 确定目标,方向明确	7	5	3	0				
	2. 制订计划能结合实际,细致周到,有新意	9	7	4	0				
	3. 安排好,做到定人、定质、定时	9	7	4	0				
组织(25 分)	1. 能合理分配,安排好人、财、物、事	10	8	4	0				
	2. 协调各岗位、各部门的关系	8	6	4	0				
	3. 明确各岗位的责任,责任到人	7	5	3	0				
指挥(25 分)	1. 指导得当,不包办代替,工作有条理	7	5	3	0				
	2. 善于激励、调动职工积极性	6	4	2	0				
	3. 认真负责,敢于承担责任	6	4	2	0				
	4. 果断,有秩序,不优柔寡断,朝令夕改	6	4	2	0				
控制(25 分)	1. 检查(主要检查工作过程,探究因果关系)	7	5	3	0				
	2. 监督(落实岗位责任制,有工作标准)	6	4	2	0				
	3. 调整(能朝着目标不断修正措施)	6	4	2	0				
	4. 进度(能否掌握实际工作进度)	6	4	2	0				

2. 分配指标权重

经过筛选的指标被确定下来后,就要考虑某一指标在整个指标体系中的重要程度,这就是分配权重。所谓权重,也称权重系数,是指一个整体被分解成若干指标后,用来表示每个指标在整体中所占比重大小的数字。指标的权重反映了各指标在现实目标中的客观地位,也反映了评价主体对它们的价值的认识程度。

在指标体系中,各项指标的重要程度可能一样,也可能不一样。例如,在表 10-1 中,一级指标的规划、组织、指挥、控制的水平对衡量园长的管理水平来说,重要程度是一样的,各占 25%。而在二级指标中,如对园长组织水平的评价中,“能合理分配,安排好人、财、物、事”的重要程度最高,占 40%(10 除以 25 再乘 100 所得结果),“协调各岗位、各部门的关系”占 32%,“明确各岗位的责任、责任到人”占 28%。这些百分比数值即为各项的权重系数。

3. 选择适宜的表述方法

对各项评价指标可根据评价目标、对象的不同选择适宜的表述方法。

(1) 程度表示法，又叫等级评价法，指把各项评价指标按程度分出等级，分别对被评价者的工作情况做出不合格、合格、优秀；优、良、中、差；好、较好、一般、较差等类别等级进行评定。

(2) 数量表示法，是按照标准或把以上各等级分别赋分，计算出每个人的总分。这种方法便于进行横向比较，适合于对评价对象进行甄别和选拔。

(四) 选择适宜的评价方法

制订了评价目标以后，就应该根据评价的目的、原则和评价对象等具体情况，以及评价过程操作的可能性而选择收集和分析评价信息的方法和手段。评价信息的收集、分析要注意以下几点。

(1) 如果评价是为鉴定和选拔服务，需要了解评价对象一段时间以来所能达到的目标程度，并和其他同类比较，这样宜选用量化的评价方法，如标准化测验。

(2) 如果评价是为改进服务，需要更多地了解评价对象发展变化的情况，以预测未来的发展趋势或提供发展指导，这样宜选用一些真实性评价方法，如档案袋评价法，以更好地促进评价对象的反思。

(3) 评价信息的收集。如果指标体系能够涵盖所要评价的全部内容，就可以使用试验法、测量法等来收集评价信息，如对办园条件的评价，对一些教育工作绩效的评价等。如果评价标准难以分解为指标体系，如幼儿园的文化氛围等，这时只能提出一些概括性问题，通过访谈法或其他一些质性评价方法来收集信息。

(4) 对评价信息有定量和定性两种分析处理方式。在实际评价中，收集和分析评价信息的方法往往不止一种，而是多种方法的组合，有时还要开发一些收集工具，如问卷调查、结构化访谈提纲等。

(五) 确定评价主体及主客体相互关系

一般根据评价的目的和内容决定评价的主体，常用的有自我评价和他人评价。

自我评价是由园长或教师等对自己的工作作出评价，工作主体就是评价主体。工作主体的自我评价有利于对照目标和标准检查工作，及时调整改进，并实现自我成长和教育。

他人评价是工作主体之外的、由个人或集体进行的评价。包括教师互评，领导或上级主管部门领导的视察评价，家长、社区的评价，社会一般成员的评价。

一些园所重视上级部门的检查验收，而忽视园所日常工作的自我检查评价。其实幼儿园工作质量的提高，关键是日常扎实细致的工作，因此，管理者应把更多精力放在经常化的自我检查评价和群众互评上，依据工作目标和评价标准及时查漏补缺，探索规律，寻找改进工作的途径，使评价切实起到调动积极性、促进改革、提高教育质量和管理的作用。

四、实施评价方案

幼儿园工作评价的实施是评价人员以评价方案为依据，在收集、处理信息资料的基础上对评价对象进行价值判断的过程，是教育理论、评价目标、评价方案转化为评价实践活动的关键性环节。

（一）收集、处理资料

评价人员根据评价的对象及所要收集资料的性质，选择合适的方法，如观察法、谈话法、问卷法、个案法、文献资料法、测试法等。有时也可以用多种方法收集一种资料，以便相互印证，丰富充实资料，把评价指标和评价标准规定范围内的资料全部收集到，获得翔实的信息。

收集信息资料后，评价人员要根据评价指标和评价标准对所有的资料分别进行归类整理。检查资料是否齐全、完整，是否准确可靠。有时候，由于从多渠道获得的信息资料可能互相矛盾，这就需要对其进行分析、筛选，以求去伪存真，以保证评价结果的真实可靠。

（二）实施评价，得出评价结论

评价人员在综合分析评价对象全部信息资料的基础上，根据评价标准对各项指标进行评定，定出等级，给出评价结果，写出评价报告。为了充分发挥评价的作用，评价结果既要有相对的等次或分数结果，又要有中肯、合理的评价意见和建议。

1. 预评价

通常把组织正式评价前，被评对象的自我评价叫预评价。预评价是评价全过程的重要组成部分，是整个评价工作的基础。预评价由评价对象进行自我评价，自我评价有利于评价单位全面、系统地收集信息，综合评价自己，在揭示工作中的问题时，心理上的障碍比较容易消除，可以大大提高收集信息的质量与数量，这是他评中很难做到的。其次，预评价时收集的信息、预评价报告，可作为组织正式评价的基础，一些经核实确定的评价信息可以直接利用，因此会大大减轻正式评价时的负担。

2. 复评价

复评价是在自我评价的基础上进行的他人评价，是对自评信息的再鉴定，它能修正、补充自评中可能出现的信息不准、不全等问题，有助于提高评价的可靠性。同时，外部专家对被评单位进行复评价，有利于各个被评单位之间进行横向比较，易于发现被评价单位自身所忽视的缺点、问题，使之做到系统、综合、全面的改进。复评价是由专家组进行的评价，结论具有相当的权威性，易于为大家所接受。

（三）分析评价结果，及时反馈意见

幼儿园工作评价的最终目的是提高保教水平，更好地服务幼儿、家长和社会，更大限度地实现教育的价值。因此，为了有利于引导和激励评价对象不断改进、完善自己的工作，评价小组必须对评价结果作深入地分析、研究，找出产生结果的原因，同时将评价结果及时地反馈给评价对象和有关部门，并广泛听取意见，了解评价对象对评价结果的接受程度、具体看法以及针对评价结果所制定的改进措施。

五、幼儿园工作评价的总结

为了不断提高幼儿园工作评价的水平，必须对评价工作进行全面的总结。

首先，分析整个评价的流程是否科学合理，各个评价环节是否有所疏漏。根据反馈信息尤其是评价对象对评价结果的不同意见进行分析，考查评价的指标体系和评价标准是否科学合理。对评价过程中所产生问题进行分析，找出原因，并提出合理化建议。

其次，整理评价资料，将评价过程中的有关资料分类、整理、归档，建立评价资料档案。

最后，对评价工作进行全面总结分析，写出评价报告。报告内容包括评价的时间安排、评价的组织、参与评价的人员情况；评价方案产生的背景信息；评价方案的实施过程；评价结果及结果分析；评价结论和建议；评价工作的效果。

10.2 教师评价工作中的问题与对策

案例分析

评选优秀班主任

李老师在某幼儿园工作了五年，个人综合素质高，在班级工作考核、教育教学评比等方面也处于全园教师的前列，她与另一位老师配合，将班级的各项工作落实到实处，全班幼儿的整体素质得到较大提升，也得到了家长的认可。在学期工作结束时，区教育局分配给幼儿园一个评选区级优秀班主任的名额。由于这是第一次分配名额，幼儿园决定采取学期总评、平时考核、民意选举相结合的方式，通过评分表的形式选出区优秀班主任的候选人。

这时，有的老师产生了顾虑，分别与业务园长、园长交流，反映个人的想法：建议不要采用评选的方式，这样老师之间形成竞争，会有故意评低分的现象。园长对此的回应是："工作不是带个人情绪来做的，考评工作还是要继续做，虽然会有个别教师将个人情感掺杂在考评中，但大部分教师还是公平公正的，何况教师们通过整体考评也能够取得明显的进步。"

调查表收集后，发现确实存在评低分的情况，然而最终李老师的评分仍位于榜首。这时有个别老师嘀咕："李老师所在班级工作的整体提高虽然有目共睹，但也离不开另一个配班老师的功劳，为什么评选她，而不评选另一位老师呢？"但最终，幼儿园还是推选李老师参加了区级优秀班主任的评选。

分析：案例中的幼儿园在评选区级优秀班主任时采取学期总评、平时考评、民意选举以及运用评分表的方式选出一名区级优秀班主任。但是，这种办法和方式未取得很好的效果，部分老师对结果有异议，而且园长针对此事的回应理由也略显牵强，无法消除其他老师的质疑，产生了消极影响。

由于是第一次分配到评优名额，评选之前园长要和领导班子成员研究制定好考核评价的标准和办法,制定好工作程序,形成方案并召开教职工代表大会进行讨论,使评选活动得到全园教师的公认,也使以后的评选活动有章可循。

幼儿园按照通过的方案,运用正确的考评方法进行分析和考评。不仅要采取学期总评、平时考评等,还应该有其他补充的考评方式,比如让部分幼儿、幼儿家长参与对教师的考评,能更准确、全面了解各位教师的保教工作情况。为了避免教师之间形成竞争,出现故意评低分的现象,也可以放弃民意选举,采取其他措施和方法。另外,还需要加强宣传沟通,最大限度地避免考评者、被考评者等人产生心理偏差。考评结束,根据考评结果选择最合适的人选后,应当及时反馈考评结果。若老师有疑义,可以进行相应的解释说明,这样考评结果才具有说服力,才能消除其他老师的意见和不满,同时激励老师们不断努力,促进老师的进步和发展。

(资料来源:程凤春 . 幼儿园管理[M]. 上海:华东师范大学出版社,2013. 有删改)

案例讨论 1

某幼儿园一名教师性格内向,唱歌、跳舞等技能比较差,在幼儿园的各种节日庆典活动中很少发挥作用,但她爱读书、乐学习,喜欢思考,在很多幼儿教育问题上有自己独到的见解,撰写的幼儿教育文章经常在各种幼儿教育杂志上发表。对于这名老师,幼儿园的同事和领导也有不同的评价和看法。

问题:

1. 你如何评价这名幼儿园教师?

2. 你喜欢他人评价还是自我评价的方式来评价老师?为什么?

(提示:结合《幼儿园教师专业标准(试行)》的相关内容,运用对幼儿园教师评价的相关知识进行分析。)

案例讨论 2

某私立幼儿园的园长总觉得幼儿园的教师工作积极性不强,需要严格的考核机制来提高教师的积极性。她在网上浏览,了解到末位淘汰制,认为这个考核办法不错,于是年初开始在幼儿园的管理中引入了末位淘汰制,希望以此提高幼儿园的教育教学质量。其具体做法就是制定一系列的评价指标,到学期结束时按照这些评价指标对所有教师进行评价,得分最低的教师将被"淘汰"。这个消息一传出来,立刻在教师群里引发了不满和恐慌情绪。有的教师开始在工作中变得战战兢兢,怕自己因工作失误导致被扣分;有的教师开始讨好巴结园长而无心工作;有的教师还把恐慌的情绪带到了工作中,班上的孩子们也因为老师的情绪波动而受到影响。一学期下来,老师们身心疲惫,同事之间的关系也非常恶劣,经常发生为评分结果争吵的事情。

问题:请对该幼儿园园长采取末位淘汰制考核评价教师的做法进行分析讨论,并提出建议。

（提示：运用所学习的对教师考核评价的相关知识；运用管理科学的需要层次理论；运用幼儿园公共关系建立的相关知识等。）

思考与练习

1. 幼儿园工作评价的含义和意义。
2. 幼儿园工作评价的原则。
3. 幼儿园工作评价的组织与实施。
4. 幼儿园工作评价应注意的问题及解决策略。

实践与训练

项目一：表 10-2 是幼儿园教学活动评价表，但评价要点不完善、不具体，请运用所学相关知识予以完善，说明理由。

表 10-2　幼儿园教学活动评价表

评价项目	评价要点	评价等级		
		A	B	C
目标	目标的年龄适宜性			
	目标的可落实性			
	目标的和谐性			
内容	内容的年龄适宜性			
	内容与目标的一致性			
	内容的科学性			
	内容的生活性			
	相关环境材料的适宜性			
教师	教师讲解的适宜性			
	教师教学策略的适宜性			
	教师对幼儿的关注			
幼儿				
	幼儿的互动机会			
	幼儿面临的挑战			
	幼儿的学习习惯			

（提示：教学评价的基本价值取向应该是，教学应促进幼儿认知、学习策略及情感等多方面的全面、和谐发展；教学应尽可能引发幼儿多感官的参与；体验、尝试和发现等是幼儿学习的重要方式；适宜的目标和内容才能引发真正有效的教和学；教学应当具有开放的、能激发幼儿探索欲望和思考的环境；产生问题、引发互动是有效教学的重要特征；教学过

程应该让幼儿感受挑战。对幼儿园教学活动的评价还要考虑幼儿对教学活动的兴趣和投入情况,幼儿完成教学活动的情况,幼儿通过努力实现活动目标的情况,教师对幼儿活动表现情况的判断等。)

项目二:教师考核评价表的设计。

内容:幼儿园教师对幼儿态度与行为的评价。

要求:

(1) 以小组为单位,调查一所熟悉的幼儿园,了解该幼儿园对教师的考核评价工作情况。

(2) 该幼儿园对教师评价的方法有哪些?优势和不足是什么?

(3) 以小组为单位,设计一份幼儿园教师对幼儿态度与行为的评价表。

(提示:可参照《幼儿园教师专业标准(试行)》中的相关内容与要求。)

参考文献

[1] 张燕,邢利娅. 幼儿园组织与管理[M]. 北京:北京师范大学出版社,1999.

[2] 罗长国,胡玉智. 幼儿园管理[M]. 北京:高等教育出版社,2011.

[3] 文红欣. 幼儿园组织与管理[M]. 北京:教育科学出版社,2012.

[4] 张欣,程志宏. 现代幼儿园管理实务[M]. 上海:复旦大学出版社,2014.

[5] 程凤春. 幼儿园管理的50个典型案例[M]. 上海:华东师范大学出版社,2011.

[6] 秦明华,张欣. 幼儿园组织与管理[M]. 上海:复旦大学出版社,2008.

[7] 祁海芹. 幼儿园管理实务[M]. 大连:大连理工大学出版社,2012.

[8] 李红霞,朱萍,周玲玲. 幼儿教育政策法规[M]. 北京:高等教育出版社,2015.

[9] 童宪明. 幼儿教育法规与政策[M]. 上海:复旦大学出版社,2014.

[10] 李生兰. 学前教育法规政策的理解与运用[M]. 南京:南京师范大学出版社,2012.

[11] 陈迁. 幼儿园管理的50个细节[M]. 福州:福建教育出版社,2011.

[12] 许卓娅. 幼儿园课程理论与实践[M]. 南京:南京师范大学出版社,2002.

[13] 时松. 幼儿园管理[M]. 长春:东北师范大学出版社,2016.

[14] 刘健儿,赵玉英. 教育公共关系学[M]. 北京:中国广播电视出版社,2008.

[15] 陈群. 幼儿园危机管理实务[M]. 北京:中国轻工业出版社,2009.

[16] 线亚威. 幼儿园文化建设指导策略[M]. 北京:高等教育出版社,2011.

[17] 张宏玲. 从一所幼儿园到一个幼教集团[M]. 北京:教育科学出版社,2018.

[18] 崔文生,云飞. 优秀园长是怎样炼成的[M]. 北京:研究出版社,2021.

[19] 教育部. 幼儿园教育指导纲要(试行). 2001.

[20] 教育部. 3~6岁儿童学习与发展指南(试行). 2012.

[21] 教育部. 基础教育课程改革纲要(试行). 2001.

[22] 教育部. 幼儿园教师专业标准(试行). 2012.